Vorwort

Diese 'Grammar for All' richtet sich an einen weiten schulischen und außerschulischen Benutzerkreis. Sie bietet in systematischem Aufbau die grammatischen Grundphänomene des Englischen, nicht allein der geschriebenen, sondern vor allem der gesprochenen Sprache. Sie ist einfach und transparent. Die Beispiele verbleiben fast immer im Umkreis des Grundwortschatzes, der jedem vertraut ist. Sie sind so angeordnet, daß die auf farbigem Untergrund dargestellten Strukturen evident werden. Die dazugehörigen Regeln spielen dabei meistens nur eine dienende Rolle. Wir haben versucht, sie so faßlich wie möglich zu halten. Auf die Kontraste zwischen der englischen und der deutschen Sprache wurde besonders geachtet; nichts Überflüssiges, aber auch nichts Selbstverständliches wird dargestellt, sondern das, was der Lernende braucht.

Wir konnten uns bei den Entwicklungsarbeiten auf Erfahrungen aus allen Schulgattungen und den verschiedensten Lebensbereichen stützen. Der Manuskriptentwurf ist schließlich von einer ganzen Reihe von Fachleuten kritisch durchgearbeitet und verbessert worden. Mit ihrer Hilfe ist eine Nachschlage- und Wiederholungsgrammatik entstanden, die den mündlichen und schriftlichen Gebrauch der Sprache fördert und darüber hinaus einen ersten Einblick in die Gesetze der englischen Sprache vermittelt.

Inhalt

Die englische Sprache

Das Englische ist, wie das Deutsche oder das Schwedische, eine germanische Sprache. Im Laufe seiner Geschichte hat es Bestandteile anderer germanischer und romanischer Sprachen in sich aufgenommen. England ist bis zum Jahre 1066 immer wieder Ziel von Invasionen gewesen, und die eingedrungenen Volksstämme haben ihre Spuren in der Landessprache hinterlassen.

1. Von ca. 800 v. Chr. ab lebten keltische Stämme in England. Von ihrer Sprache sind im Englischen nur geringe Reste erhalten, z. B. *plaid* (Reisedecke, Überwurf) und *whisky*. Dagegen weisen viele geographische Namen auf keltischen Ursprung hin:
Aberdeen (*aber* = Flußmündung); *Carlisle, Cardigan* (*car* = Burg); *London, Snowdon* (*don, dun* = Hügel, Festung); *Kilbridge, Kilworth* (*kil* = Kirche); *Ben Nevis* (*ben* = Berg); *Kent; Thames.*
In den weniger zugänglichen Gebieten, also in den Bergen und auf den Inseln, ist die keltische Sprache erhalten geblieben. Auch heute noch wird in Wales, im schottischen Hochland und in Irland keltisch gesprochen.

2. Von 43 bis 410 n. Chr. war England eine römische Provinz, die sich im Norden bis zu dem teilweise noch heute stehenden *Hadrian's Wall* erstreckte. Eine Reihe von Ortsbezeichnungen und Wörter aus dem täglichen Leben erinnern an die Römer:
Chester, Manchester, Winchester, Worcester, Lancaster (*castra* = Lager); *Lincoln* (*colonia* = Siedlung); *Portsmouth* (*portus* = Hafen).

englisches Wort	lateinisches Wort	deutsches Wort
street	strata	Straße
wall	vallum	Mauer, Wall
mile	milea	Meile
pound	pondus	Pfund
kitchen	coquina	Küche
mill	molina	Mühle
cheese	caseus	Käse
wine	vinum	Wein

3. Ab 449 drangen die germanischen Stämme der Angeln, Sachsen und Jüten in England ein. Die Angeln gaben dem Land seinen jetzigen Namen (England = Land der Angeln). Eine Zeitlang wurden je nach der Herkunft der Stämme in England verschiedene Dialekte gesprochen, bis allmählich das (Nieder-)Sächsische (ein niederdeutscher Dialekt) die vorherrschende Sprache wurde. Die niederdeutschen Dialekte haben die hochdeutsche Lautverschiebung nicht mitgemacht. So erklärt es sich, daß viele englische Wörter größere Ähnlichkeit mit dem Niederdeutschen als mit dem Hochdeutschen haben:

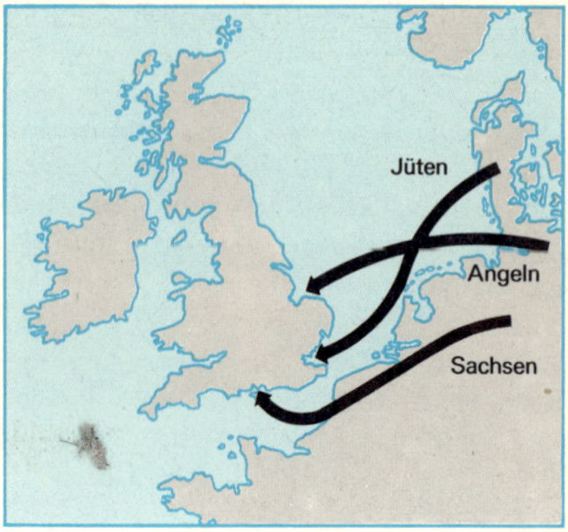

	Englisch	Niederdeutsch	Hochdeutsch
d	**day**	**Dag**	**Tag**
	deep	**deip**	**tief**
	door	**Dor**	**Tür**
g	bri**dg**e	Brü**gg**	Brü**ck**e
p	**pipe**	**Piepe**	**Pfeife**
	slee**p**	sla**p**en	schla**f**en
	dee**p**	dei**p**	tie**f**
t	**ten**	**tain**	**zehn**
	tell	ver**tell**en	er**zähl**en
	wa**t**er	Wa**t**er	Wa**ss**er
k	ma**k**e	ma**k**en	ma**ch**en
	boo**k**	Bo**k**	Bu**ch**
	spea**k**	spre**k**en	spre**ch**en
f	wi**f**e	Wi**f**	Wei**b**
	hal**f**	hal**f**	hal**b**
th	fa**th**er	Va**dd**er	Va**t**er
	mo**th**er	Mo**dd**er	Mu**tt**er

4. Auch skandinavische Stämme haben wiederholt versucht, die britischen Inseln zu besiedeln. Unter dem Dänenkönig Knut dem Großen (1017–1035) bildete England eine staatliche Einheit mit den nordischen Ländern.
Folgende skandinavische Wörter sind u. a. in das Englische aufgenommen worden: ***she, they, them, their, both, some, are, get, hit, take, call, die, cast, scream, fellow, husband, knife, leg, root, skirt, shirt, sky, skin, window, sister, anger, tree, ill, happy;*** ferner die Familiennamen auf *-son: **Robinson, Richardson.***

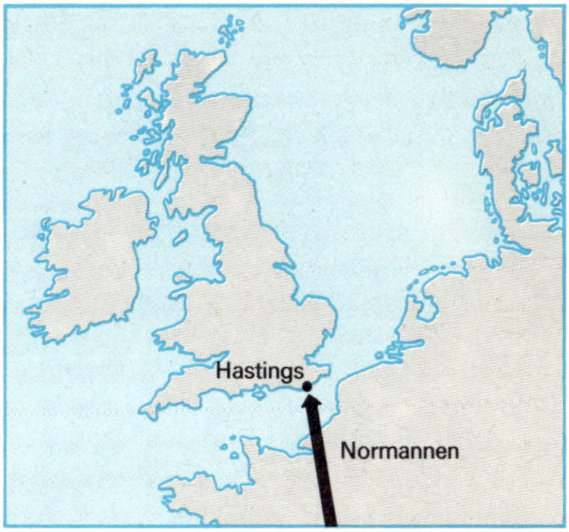

5. Nach dem Sieg des Normannenherzogs Wilhelm über den angelsächsischen König Harold bei Hastings im Jahre 1066 drangen französische Sprache und Kultur in England ein. Im Laufe der Zeit vermischten sich die beiden Sprachen allmählich. Dabei bewahrten alltägliche Dinge die germanische Bezeichnung, die dem Volke ferner stehenden Dinge dagegen erhielten die französische.

a) Die nächsten Familienangehörigen behalten die alten germanischen Bezeichnungen: *father, mother, brother, sister, wife, child.*
Die entfernteren Verwandten erhalten französische Namen: *uncle, aunt, nephew, niece, cousin. Grandfather* und *grandmother* sind ein aufschlußreiches Beispiel für die Verschmelzung der beiden Sprachen: *grand* kommt aus dem Französischen, *father* und *mother* aber sind germanischen Ursprungs.

b) Naturerscheinungen, Tages- und Jahreszeiten sowie Dinge des täglichen Lebens bewahren die alten germanischen Bezeichnungen: *sun, moon, rain, wind, storm, thunder, fire, day, night, morning, evening, week, month, year, spring, summer, winter, house, bread, butter, water, milk, hammer, nail.*

c) Die lebenden Tiere behalten ihre alten Namen: *ox, cow, calf, sheep, swine, deer.* Aus dem Französischen dagegen stammen die Bezeichnungen für das Fleisch dieser Tiere: *beef, veal, mutton, pork, bacon, venison.*

d) Die einfachen Berufe werden nach wie vor germanisch bezeichnet: *baker, shoemaker, miller, smith.*
Anspruchsvollere Berufe erhalten französische Bezeichnungen: *barber, carpenter, grocer, mason, tailor.*

e) Die germanischen Waffen behalten ihre Namen: *bow, arrow, spear, sword, shield.* Neue französische Wörter der Kriegsführung kommen hinzu: *arms, lance, harness, banner, cannon, soldier, sergeant, officer, captain, colonel, general, regiment, army, navy, battle, victory, peace.*

f) Die germanischen Titel werden beibehalten: *king, queen, lord, lady, earl.*
Für neu eingeführte Titel werden die französischen Namen übernommen: *baron, duke, duchess, marquis, sir, peer.*

g) Ausdrücke aus dem Bereich der Verwaltung, Rechtsprechung, Wissenschaft, Kunst, Kirche, Schule, des Handels und Verkehrs sind überwiegend französischer Herkunft: *city, mayor, parliament, secretary, sovereign, money, rent, tax, bill, judge, justice, council, court, trial, prison, science, art, beauty, colour, music, religion, clergy, saint, virtue, vice, rule, lesson, duty, commerce, merchant.*

Im heutigen Englisch gibt es für viele Begriffe zwei Wörter, das eine angelsächsischen und das andere französischen Ursprungs: *begin – commence; end – finish; feed – nourish; help – aid; sea – ocean; deep – profound; kingly – royal; hearty – cordial.* Das Englische zeichnet sich daher durch einen besonderen Reichtum an Wörtern aus.

6. Viele Jahrhunderte besaß Großbritannien Kolonien in allen Erdteilen; es war durch vielfältige Kultur- und Handelsbeziehungen mit vielen Ländern verbunden. Wörter aus den verschiedensten Sprachen sind auf diese Weise in das Englische aufgenommen worden.

Italien:	*balcony, corridor, piano, opera, umbrella, traffic, bank, bankrupt, risk*
Spanien:	*cigar, potato, tobacco, negro*
Niederlande:	*skipper, yacht, deck, waggon, landscape, sketch*
Deutschland:	*iceberg, kindergarten, rucksack, wanderlust, zeitgeist*
Arabien:	*admiral, alcohol, sofa*
Persien:	*shawl, lilac, chess*
China:	*tea*
Indien:	*jungle, bungalow, curry, punch*

7. Die Sonderentwicklung des Englischen auf dem nordamerikanischen Kontinent wurde von besonderer Bedeutung. In Aussprache, Rechtschreibung und Wortschatz haben sich im amerikanischen Englisch im Laufe der letzten Jahrhunderte Abweichungen vom britischen Englisch herausgebildet.

a) Im amerikanischen Englisch wird das *r* gesprochen, wo es im britischen Englisch nicht üblich ist: *bar* BE [bɑ:], AE [bɑr]; *fear* BE [fiə], AE [fiər].

b) Das britische [ɑ:], [ɔ] und [ju:] wird zu [æ], [ɑ] und [u:] im Amerikanischen: *bath* BE [bɑ:θ], AE [bæθ]; *hot* BE [hɔt], AE [hɑt]; *news* BE [nju:z], AE [nu:z]; *New York* BE ['nju: 'jɔ:k], AE ['nu: 'jɔrk].

c) Verschieden ausgesprochen werden auch folgende Wörter: *tomato* BE [tə'mɑ:tou], AE [tə'meitou]; *clerk* BE [klɑ:k], AE [klərk]; *address* BE [ə'dres], AE ['ædres]; *lieutenant* BE [lef'tenənt], AE [lu:'tenənt].

d) Die Endungen *-our* und *-tre* im britischen Englisch werden im Amerikanischen *-or* und *-ter* geschrieben: BE *colour, neighbour, centre, theatre;* AE *color, neighbor, center, theater.*

e) Wörter, die im britischen Englisch das *l* verdoppeln, werden im amerikanischen Englisch mit einfachem *l* geschrieben: BE *traveller;* AE *traveler.*

f) Im britischen Englisch kann die Endung *-ize* auch *-ise* geschrieben werden, im Amerikanischen nicht: BE *civilize* oder *civilise, organize* oder *organise;* AE *civilize, organize.*

g) Im amerikanischen Englisch macht sich eine Tendenz zur vereinfachten Schreibweise bemerkbar: BE *though, although, through;* AE *tho, altho, thru.*

h) Auch im Wortschatz weichen britisches und amerikanisches Englisch in einigen Fällen voneinander ab:

BE	AE	BE	AE	BE	AE
luggage	*baggage*	*autumn*	*fall*	*(bank-)note*	*bill*
lorry	*truck*	*tram*	*streetcar*	*bill*	*check*
pavement	*sidewalk*	*fellow*	*guy*	*sweets*	*candy*
petrol	*gas*	*porter*	*doorman*	*lift*	*elevator*
biscuit	*cracker*	*flat*	*apartment*	*cupboard*	*closet*
holiday	*vacation*	*chemist's*	*drug store*	*postman*	*mailman*

Während es lange Zeit schien, als würde das Amerikanische sich im Laufe der Zeit immer weiter vom britischen Englisch entfernen und zu einer besonderen Sprache werden, zeigt sich heute, daß der Einfluß des Amerikanischen auf das britische Englisch so stark geworden ist, daß beide Sprachen sich wieder annähern. In vielen Fällen wird Engländern nicht mehr bewußt, ob ein bestimmter Ausdruck original englisch oder amerikanisch ist.

Englisch wird in der ganzen Welt verstanden. Es ist Muttersprache von über 300 Millionen Menschen und Verkehrssprache in vielen ehemaligen englischen Kolonien, wie z. B. Indien. In allen Kulturländern wird Englisch als Fremdsprache gelehrt.

Das Verb (The Verb)

Regelmäßige und unregelmäßige Verben 1

(Regular and Irregular Verbs)

Das englische Verb hat drei Stammformen, mit denen alle Zeiten gebildet werden können. Es gibt regelmäßige und unregelmäßige Verben. Sie unterscheiden sich in der Bildung ihrer Stammformen.

Infinitiv	Präteritum	Partizip Perfekt	Infinitiv	Präteritum	Partizip Perfekt
to ask	asked	asked	to go	went	gone
fragen	fragte	gefragt	gehen	ging	gegangen
to look	looked	looked	to have	had	had
to wait	waited	waited	to write	wrote	written

Regelmäßige Verben bilden das Präteritum *(Past Tense)* und das Partizip Perfekt *(Past Participle)* durch Anfügen der Endung *ed* an den Infinitiv.

Unregelmäßige Verben haben für das Präteritum und das Partizip Perfekt besondere Formen. (Liste der unregelmäßigen Verben s. S. 125)

Beachte

1. Bei der Bildung des Präteritums und des Partizip Perfekts mit der Endung *ed* fällt das stumme *e* am Ende eines Infinitivs weg (Regel vom stummen End-e, vgl. § 174/1): to arrive – arrived; to wipe – wiped
   Der Endkonsonant wird verdoppelt, wenn ein kurzer betonter Vokal vorausgeht (Verdoppelungsregel, vgl. § 174/2): to drop – dropped; to rub – rubbed
   y wird zu *i*, wenn ein Konsonant vorausgeht (y-Regel, vgl. § 174/3): to hurry – hurried; to try – tried
2. Die Aussprache der Endung *ed* ist
   [t] nach stimmlosen Konsonanten: dropped [drɔpt]; asked [ɑ:skt]
   [d] nach stimmhaften Konsonanten und nach Vokalen: lived [livd]; tried [traid]
   [id] nach *t* und *d:* shouted [ˈʃautid]; handed [ˈhændid]
   (Angleichungsregel und Regel vom silbischen Auslaut, vgl. § 175)

Die Vollverben (The Principal Verbs) 2

Englische Verben hatten ursprünglich für jede Person eine eigene Endung. Heute hat nur noch die 3. Person Singular Präsens eine Personalendung (vgl. § 3):
to ask – he asks; to work – she works; to sound – it sounds

	Regelmäßige Verben	Unregelmäßige Verben
Präsens *(Present Tense)*	I ask you ask he, she, it asks we ask you ask they ask	I go you go he, she, it goes we go you go they go
Perfekt *(Present Perfect)*	I have asked you have asked he has asked etc.	I have gone you have gone he has gone etc.
Präteritum *(Past Tense)*	I asked you asked he asked etc.	I went you went he went etc.
Plusquamperfekt *(Past Perfect)*	I had asked you had asked he had asked etc.	I had gone you had gone he had gone etc.
Futur I *(Future Tense)*	I shall ask will you will ask he, she, it will ask we shall ask will you will ask they will ask	I shall go you will go he, she, it will go we shall go you will go they will go
Futur II *(Future Perfect)*	I shall have asked you will have asked he will have asked we shall have asked etc.	I shall have gone you will have gone he will have gone we shall have gone etc.
Konditional I *(Conditional)*	I should ask would you would ask he, she, it would ask we should ask would you would ask they would ask	I should go you would go he, she, it would go we should go you would go they would go
Konditional II *(Conditional Perfect)*	I should have asked you would have asked he would have asked we should have asked etc.	I should have gone you would have gone he would have gone we should have gone etc.

Partizip Präsens *(Present Participle):* asking; going
Partizip Perfekt *(Past Participle):* asked; gone

Beachte

1. Im Englischen werden Perfekt und Plusquamperfekt immer mit *to have* gebildet. Vergleiche dagegen das Deutsche:
   I have come – ich bin gekommen he has gone – er ist gegangen
2. Im gesprochenen Englisch werden für die zusammengesetzten Zeiten häufig Kurzformen verwendet. Dabei wird

have	zu *'ve:*	I've asked	*have not*	zu *haven't:*	I haven't asked
has	zu *'s:*	he's come	*has not*	zu *hasn't:*	he hasn't come
had	zu *'d:*	we'd worked	*had not*	zu *hadn't:*	we hadn't worked
shall }	zu *'ll:*	I'll go	*shall not*	zu *shan't* [ʃɑ:nt]:	I shan't go
will }	zu *'ll:*	they'll stay	*will not*	zu *won't* [wount]:	they won't stay
should }	zu *'d:*	I'd try	*should not*	zu *shouldn't:*	I shouldn't try
would }	zu *'d:*	she'd know	*would not*	zu *wouldn't:*	she wouldn't know

Das Präsens der 3. Person Singular 3

(The Present Tense of the 3rd Person Singular)

Schreibregeln

1. to work – he works to write – she writes to happen – it happens	1. Im Präsens wird bei der 3. Person Singular an den Infinitiv ein *s* angehängt.
2. to wish – he wishes to watch – she watches to miss – it misses	2. Endet ein Verb auf einen Zischlaut, so wird *es* [iz] angehängt (Regel vom silbischen Auslaut, vgl. § 174/4).
3. to hurry – he hurries to carry – she carries to fly – it flies	3. *y* wird zu *ie,* wenn ein Konsonant vorausgeht (y-Regel, vgl. § 174/3).

Beachte. Die 3. Person Singular von *to go:* he **goes**

Ausspracheregeln

Das *s* der 3. Person Singular ist

1. to step – he steps [ps] to take – she takes [ks] to hurt – it hurts [ts]	1. stimmlos [s] nach stimmlosen Konsonanten (Angleichungsregel, vgl. § 175/1)
2. to drive – he drives [vz] to play – she plays [pleiz] to say – he says [sez]	2. stimmhaft [z] nach stimmhaften Konsonanten und nach Vokalen (Angleichungsregel, vgl. § 175/1)
3. to fetch – he fetches [tʃiz] to wash – she washes [ʃiz] to freeze – it freezes [ziz]	3. silbisch [iz] nach Zischlauten (Regel vom silbischen Auslaut, vgl. § 175/2)

Fragebildung (Questions) 4

1. You smoke. – **Do you smoke?** Peter works. – **Does Peter work?** The Browns went to the theatre. – **Did the Browns go** to the theatre? Your friend told you something. – What **did your friend tell** you? You called a boy. – Which boy **did you call?**	1. Fragen der Vollverben werden im Präsens mit *do/does,* im Präteritum mit *did* gebildet.
2. **Who wants** to come with me? **What happened?** **Whose parents speak** English? **Which boy made** the most mistakes?	2. Fragen, in denen das Fragewort jedoch Subjekt oder Teil des Subjekts ist, werden ohne *to do* gebildet.

Verneinung (Negation) 5

1. You smoke. – **You don't** (do not) **smoke.** Peter works. – **Peter doesn't** (does not) **work.** The Browns went to the theatre. – **The Browns didn't** (did not) **go** to the theatre.	1. Die Verneinung der Vollverben wird im Präsens mit *do/does,* im Präteritum mit *did* gebildet.
2. **Doesn't Jane like** her new job? **Who doesn't want** an ice-cream?	2. Dies gilt auch für alle verneinten Fragen.

Der Imperativ (The Imperative) 6

1. **Open** the window, please. Öffne ...! Öffnet ...! Öffnen Sie ...! **Stop** talking. **Hurry up** or we'll miss the train.	1. Der Imperativ ist für Singular und Plural gleich. Er hat dieselbe Form wie der Infinitiv.
2. **Don't make** such a noise. **Don't ask** me. **Don't be** silly.	2. Der verneinte Imperativ wird mit *do* gebildet.
3. **Do come** in. Kommen Sie doch herein! **Do be** quiet. Sei doch endlich still!	3. Der Imperativ kann mit *do* verstärkt werden.

Beachte.
Im Englischen steht beim Imperativ nur dann ein Ausrufezeichen, wenn es sich um einen wirklichen Ausruf handelt:
Look out! Vorsicht! Leave me alone! Laß mich in Ruhe!

Die vollständigen Hilfsverben

(The Auxiliary Verbs)

Formen von 'to have' (Forms of 'to have') 7

		Frage	Verneinung
Präsens *(Present Tense)*	I have you have he, she, it has we have you have they have	have I? have you? has he? she? it? have we? have you? have they?	I have not you have not he, she, it has not we have not you have not they have not
Perfekt *(Present Perfect)*	I have had you have had he has had etc.	have I had? have you had? has he had?	I have not had you have not had he has not had
Präteritum *(Past Tense)*	I had you had he had etc.	had I? had you? had he?	I had not you had not he had not
Plusquam-perfekt *(Past Perfect)*	I had had you had had he had had etc.	had I had? had you had? had he had?	I had not had you had not had he had not had
Futur I *(Future Tense)*	I shall have you will have he will have we shall have you will have they will have	shall I have? will you have? will he have? shall we have? will you have? will they have?	I shall not have you will not have he will not have we shall not have you will not have they will not have
Futur II *(Future Perfect)*	I shall have had you will have had he will have had etc.	shall I have had? will you have had? will he have had?	I shall not have had you will not have had he will not have had
Konditional I *(Conditional)*	I should have you would have he would have we should have etc.	should I have? would you have? would he have? should we have?	I should not have you would not have he would not have we should not have
Konditional II *(Conditional Perfect)*	I should have had you would have had he would have had etc.	should I have had? would you have had? would he have had?	I should not have had you would not have had he would not have had

Partizip Präsens *(Present Participle):* having; Partizip Perfekt *(Past Participle):* had

Beachte. Im gesprochenen Englisch werden häufig Kurzformen gebraucht (vgl. § 2).

Gebrauch von 'to have' (Use of 'to have') 8

1. 'to have' als Hilfsverb

a) **Have you been** ill? She **had done** her best. I **should have done** the same.	a) *to have* + Partizip Perfekt dient zur Bildung zusammengesetzter Zeiten.
b) I still **have to do** my homework, but I **don't have to do** it right now. I **have to go** now. **Do you have to go,** too?	b) *to have* + Infinitiv steht in der Bedeutung ‚müssen' (vgl. § 15). Frage und Verneinung werden in diesem Fall mit *to do* gebildet.
c) We **had our kitchen painted.** Wir ließen unsere Küche streichen. I **have my hair cut** once a month. Ich lasse mir ... die Haare schneiden. How often **do you have your hair cut?** He **didn't have the car repaired.** Er ließ das Auto nicht reparieren.	c) *to have* + Objekt + Partizip Perfekt hat die Bedeutung ‚lassen' (vgl. § 52). Auch hier gilt für Frage und Verneinung die Umschreibung mit *to do.*

2. 'to have' als Vollverb

Als selbständiges Verb steht *to have*

a) **Has** your father **a car?** **Has** your father **got a car?** I **haven't a room** of my own. I **haven't got a room** of my own.	a) im Sinne von ‚besitzen' (umgangssprachlich häufig *to have got).* Frage und Verneinung werden nicht mit *to do* umschrieben.
b) We **had a swim** this morning. I don't feel tired. I've just **had a rest.** **Do all English people have tea** for breakfast? **Didn't you have a good time** at the party?	b) in verschiedenen Redewendungen (s. Liste). Frage und Verneinung werden in diesen Fällen mit *to do* umschrieben.

Redewendungen

to have tea	Tee trinken	to have a look	schauen
to have eggs	Eier essen	to have a rest	sich ausruhen
to have a letter	einen Brief bekommen	to have a sleep	schlafen
to have a wash	sich waschen	to have a ride	fahren
to have a bath	baden	to have a talk	sich unterhalten
to have a swim	schwimmen	to have a good time	sich amüsieren
to have a smoke	rauchen	to have a nice holiday	schöne Ferien verleben

Formen von 'to be' (Forms of 'to be') 9

		Frage	Verneinung
Präsens *(Present Tense)*	I am you are he, she, it is we are you are they are	am I? are you? is he? she? it? are we? are you? are they?	I am not you are not he, she, it is not we are not you are not they are not
Perfekt *(Present Perfect)*	I have been you have been he has been etc.	have I been? have you been? has he been?	I have not been you have not been he has not been
Präteritum *(Past Tense)*	I was you were he, she, it was we were you were they were	was I? were you? was he? she? it? were we? were you? were they?	I was not you were not he, she, it was not we were not you were not they were not
Plusquam-perfekt *(Past Perfect)*	I had been you had been he had been etc.	had I been? had you been? had he been?	I had not been you had not been he had not been
Futur I *(Future Tense)*	I shall be you will be he will be we shall be you will be they will be	shall I be? will you be? will he be? shall we be? will you be? will they be?	I shall not be you will not be he will not be we shall not be you will not be they will not be
Futur II *(Future Perfect)*	I shall have been you will have been he will have been etc.	shall I have been? will you have been? will he have been?	I shall not have been you will not have been he will not have been
Konditional I *(Conditional)*	I should be you would be he would be we should be etc.	should I be? would you be? would he be? should we be?	I should not be you would not be he would not be we should not be
Konditional II *(Conditional Perfect)*	I should have been you would have been he would have been etc.	should I have been? would you have been? would he have been?	I should not have been you would not have been he would not have been

Partizip Präsens *(Present Participle):* being; Partizip Perfekt *(Past Participle):* been

Beachte

Im gesprochenen Englisch werden häufig Kurzformen gebraucht (vgl. auch § 2)

am wird zu *'m:*	**I'm** very fond of music.
are wird zu *'re:*	Where are your parents? – **They're** in the garden.
is wird zu *'s:*	**It's** the first time I've been in London.
not wird zu *-n't:*	**Isn't** this right?

Gebrauch von 'to be' (Use of 'to be') 10

1. 'to be' als Hilfsverb

a) Father **is reading** his newspaper. **I've been waiting** for you. It **was raining** heavily.	a) *to be* + Partizip Präsens dient zur Bildung der Verlaufsform (vgl. §27).
b) The house **was built** last year. I **was told** to ring you up. My car **will be repaired** tomorrow. English **is spoken** all over the world.	b) *to be* + Partizip Perfekt wird zur Bildung des Passivs gebraucht (vgl. § 22).
c) You **are to stop** that noise. Du sollst mit dem Lärm aufhören. The concert **was to begin** at eight. ... sollte um acht Uhr beginnen.	c) *to be* + Infinitiv steht in der Bedeutung ‚sollen' (vgl. § 17).

2. 'to be' als Vollverb

Als selbständiges Verb steht *to be*

a) **Our bedrooms are** upstairs. **Is this your bike,** Peter? – No, **it's** my brother's.	a) im Sinne von ‚sein', ‚sich befinden', ‚gehören'
b) **How much are** these eggs? Miss Smith **was late** this morning because her watch **was slow.** Tell me, **am I wrong?** – No, **you're right.**	b) in verschiedenen Redewendungen

Redewendungen

to be right	recht haben	How much is ...?	Was kostet ...?
to be wrong	unrecht haben	How are you?	Wie geht es dir?
to be fast	vorgehen (Uhr)	I am fine (well).	Mir geht es gut.
to be slow	nachgehen (Uhr)	I am cold.	Mir ist kalt.
to be early	früh kommen	I am warm.	Mir ist warm.
to be late	zu spät kommen		

Formen von 'to do' (Forms of 'to do') **11**

		Frage	Verneinung
Präsens *(Present Tense)*	I do you do he, she, it does we do you do they do	do I do? do you do? does he, she, it do? do we do? do you do? do they do?	I do not do you do not do he, she, it does not do we do not do you do not do they do not do
Perfekt *(Present Perfect)*	I have done you have done he has done etc.	have I done? have you done? has he done?	I have not done you have not done he has not done
Präteritum *(Past Tense)*	I did you did he did etc.	did I do? did you do? did he do?	I did not do you did not do he did not do
Plusquam-perfekt *(Past Perfect)*	I had done you had done he had done etc.	had I done? had you done? had he done?	I had not done you had not done he had not done
Futur I *(Future Tense)*	I shall do you will do he will do we shall do you will do they will do	shall I do? will you do? will he do? shall we do? will you do? will they do?	I shall not do you will not do he will not do we shall not do you will not do they will not do
Futur II *(Future Perfect)*	I shall have done you will have done he will have done etc.	shall I have done? will you have done? will he have done?	I shall not have done you will not have done he will not havc donc
Konditional I *(Conditional)*	I should do you would do he would do we should do etc.	should I do? would you do? would he do? should we do?	I should not do you would not do he would not do we should not do
Konditional II *(Conditional Perfect)*	I should have done you would have done he would have done etc.	should I have done? would you have done? would he have done?	I should not have done you would not have done he would not have done

Partizip Präsens *(Present Participle):* doing
Partizip Perfekt *(Past Participle):* done

Beachte

Im gesprochenen Englisch werden häufig Kurzformen gebraucht (vgl. auch § 2)

do not wird zu *don't:*	**Don't** you like the new fashion?
does not wird zu *doesn't:*	Robert **doesn't** work on Saturday.
did not wird zu *didn't:*	Why **didn't** you tell me you were ill?

Gebrauch von 'to do' (Use of 'to do') 12

1. 'to do' als Hilfsverb

to do wird verwendet

a) **Do you** often **go** swimming? Which TV-programme **did you watch** last night? **Who doesn't know** the game? **I don't like** long journeys by car. Jane **didn't want** to go to the cinema, so we stayed at home.	a) zur Bildung von Frage und Verneinung der Vollverben (vgl. §§ 4 und 5)
b) **I do like** my new job. ... gefällt mir wirklich gut. **Do come** and see me when you are in London. Besuch mich doch ... **Do stay** a little longer. Bleib doch noch etwas länger!	b) um einer Aussage oder einer Aufforderung Nachdruck zu geben

2. 'to do' als Vollverb

On Sundays my father **does the cooking.** Has Mother already **done the ironing?** **What can I do** for you? **Did you** or Barbara **do the shopping?** How **do you do?** **I don't do the gardening.** My husband **does it.** Why **don't you do your homework?**	Als selbständiges Verb steht *to do* im im Sinne von ‚tun', ‚machen' in verschiedenen Redewendungen (s. Liste). Frage und Verneinung werden mit *to do* umschrieben.

Redewendungen

to do the cooking	kochen	to do one's duty	seine Pflicht tun
to do the gardening	im Garten arbeiten	to do one's hair	sich frisieren
to do the shopping	einkaufen	to do one's homework	Hausaufgaben machen
to do the rooms	die Zimmer aufräumen	to do one's work	seine Arbeit verrichten
to do the washing	Wäsche waschen	to do one's best	sein Bestes tun
to do the ironing	bügeln	to do s.o. a favour	jdm. einen Gefallen tun

Die unvollständigen Hilfsverben

(The Defective Auxiliary Verbs)

Can, must, may, shall und *will* sind unvollständige Hilfsverben.
Sie haben, im Gegensatz zu den vollständigen Hilfsverben und Vollverben, keinen Infinitiv und keine Partizipien.
Sie haben für alle Personen nur eine Form, die 3. Person Singular endet also nicht auf *-s.*
Frage und Verneinung werden ohne Umschreibung mit *to do* gebildet.
Unvollständige Hilfsverben können nicht alle Zeiten bilden. Für die fehlenden Zeiten treten Ersatzverben mit ähnlicher Bedeutung ein.

Formen (Forms) 13

Präsens		Präteritum	Konditional I und II	Ersatzverben für die übrigen Zeiten	vgl. §§
I can I cannot	ich kann ich kann nicht	I could	I could I could have	to be able to	14
I must I must not I need not	ich muß ich darf nicht ich brauche nicht			für *must:* to have to für *must not:* not to be allowed to	15
I may I may not I must not	ich darf } ich darf nicht		I might I might have	to be allowed to	16
shall I?	soll ich?		I should I ought to I should have I ought to have	to be to to be told to	17
I will I will not	ich will ich will nicht	I would	I would I would have	to want to to wish to to be willing to	18

Beachte

Im gesprochenen Englisch werden häufig Kurzformen gebraucht:

cannot wird zu *can't* [kɑ:nt]
must not wird zu *mustn't* [ˈmʌsnt]
need not wird zu *needn't* [ˈni:dnt]
shall not wird zu *shan't* [ʃɑ:nt]
will not wird zu *won't* [wount]
could not wird zu *couldn't* [ˈkudnt]
should not wird zu *shouldn't* [ˈʃudnt]
ought not wird zu *oughtn't* [ˈɔ:tnt]
would not wird zu *wouldn't* [ˈwudnt]

Gebrauch (Use)

can – could 14

Can – could stehen im Sinne von

1. **Can you play** the piano? **He could not translate** this letter. **I shan't be able to go** to work tomorrow.	1. ‚fähig sein' Ersatzverb: *to be able to*
2. **Could you do** me a favour? If you have time **we could go** to the cinema. **You could have waited** for me.	2. ‚die Möglichkeit haben'
3. **Could I have** another cup of tea? – Yes, **you can.** **You can go** home now.	3. ‚die Erlaubnis haben'

Beachte. ‚Ich kann Englisch' heißt *I know English* oder *I can speak English.*

must – need 15

1. a) **You must speak** louder. **Must I pay** this bill today? – No, **you needn't.** Nein, das brauchst du nicht. Tell John **he need not come** tonight. ... er braucht heute abend nicht zu kommen. **Henry will have to leave** the university. Henry wird die Universität verlassen müssen. **He'll have to earn** money. b) Mary isn't here. **She must have missed** the train. **It must be** rather late.	1. *Must* wird gebraucht a) im Sinne von ‚müssen' Verneinung: *need not* Ersatzverb: *to have to* b) im Sinne von ‚wahrscheinlich sein'
2. **You mustn't smoke** in here. **You mustn't spend** such a lot of money. **We were not allowed to have** a swim because the sea was too rough.	2. *Must not* steht im Sinne von ‚nicht dürfen'. Ersatzverb: *not to be allowed to*

Beachte

1. *Must not* steht im Sinne von ‚nicht dürfen', *need not* im Sinne von ‚nicht brauchen', ‚nicht müssen'.
2. *Need* kann auch Vollverb sein und hat dann die Bedeutung ‚nötig haben'. In diesem Fall werden Frage und Verneinung mit *to do* gebildet, und die 3. Person Singular Präsens hat ein *-s:*
   Do you need any help? Tell John **he needs** a new haircut.
3. Wird *to have* in der Bedeutung ‚müssen' gebraucht, so werden Frage und Verneinung mit *to do* gebildet:
   How much **did you have to pay?**

may – might 16

May – might stehen im Sinne von

1. **May I come** in? – Yes, **you may.** The doctor told the patient that **he might get up.** **Nobody was allowed to leave** the country.	1. ‚dürfen' Ersatzverb: *to be allowed to*
2. **Tom may be** right. Vielleicht hat Tom recht. We had better take an umbrella. **It might rain.** Es könnte regnen. I thought **you might have changed** your mind. ... du hättest es dir vielleicht anders überlegt.	2. ‚möglich sein' (dt. häufig ‚vielleicht')

Beachte

May not im Sinne von ‚nicht dürfen' wird nur nach Fragen mit *may* verwendet:
May I stay up a little longer? – No, **you may not.**
In anderen Fällen steht *must not:*
You mustn't forget Father's birthday.

shall – should – ought to 17

1. **You shall have** a reward. Du sollst eine Belohnung haben. **Shall Jim post** this letter? Soll Jim ...? **Shall I call** a taxi for you? Soll ich ...?	1. *Shall* steht im Sinne von ‚sollen'.
2. **The children should be** back soon. **The children ought to be** back soon. Die Kinder müßten eigentlich bald zurück sein. **Harry shouldn't have driven** so fast. **Harry oughtn't to have driven** so fast. Harry hätte nicht so schnell fahren sollen.	2. *Should* oder *ought to* stehen im Sinne von ‚sollte (eigentlich)' oder ‚müßte (eigentlich)'.
3. **If I should be late,** don't wait for me. Falls ich mich verspäten sollte, ... **If anything should happen,** ring me up. Falls etwas passiert, ...	3. In Bedingungssätzen steht *should* (nicht *ought to!*) im Sinne von ‚sollte'.

Beachte

1. In der 1. Person kann *shall* im Sinne von ‚sollen' nur in Fragen verwendet werden:
   Shall I lay the table? Soll ich den Tisch decken?
   Shall we help you with the cooking? Sollen wir dir beim Kochen helfen?
   In Aussagesätzen mit der 1. Person wird *shall* nur zur Bildung des Futurs verwendet:
   I shall lay the table. Ich werde den Tisch decken.
   We shall help you with the cooking. Wir werden dir beim Kochen helfen.
2. ‚Sollen' im Sinne eines Auftrages wird durch *to be to* und *to be told to* ausgedrückt:
   Tell Mr Robinson **he is to be** at the meeting at six o'clock. ... er soll ... sein.
   I was told to ring you up. Ich soll Sie anrufen.

will – would 18

Will – would werden gebraucht

1. The doctor has advised me to go to hospital, but **I won't.** ... aber ich will nicht. Jane was ill but **she wouldn't stay** in bed. ... aber sie wollte nicht ... **I didn't want to wake** you up. At what time **do you wish to have** breakfast? Mother **wants to have** a fur-coat, but Father **isn't willing to pay** for it.	1. im Sinne von ‚wollen' Häufig werden jedoch Ersatzverben vorgezogen: *to want to, to wish to, to be willing to.*
2. **Will you be** quiet, please? Sei doch bitte still! **Will you wait** here a moment? I'll tell Mr Jenkins you have come. Warten Sie hier bitte einen Augenblick. **Would you shut** the door, please? Schließe bitte die Tür zu!	2. in Bitten
3. Every time I meet Mrs Barton **she will talk** about her son in Australia. Jedesmal, wenn ... spricht sie von ... Even during our holidays **Mother would be** the first to get up in the morning. ... war Mutter immer die erste, die ...	3. im Sinne von ‚pflegen', ‚gewöhnlich tun'

Beachte zu 3.
Statt *would* kann auch *used to* gebraucht werden:
Even during our holidays **Mother used to be** the first to get up.

Englische Entsprechungen deutscher Hilfsverben 19

(English Verbs Corresponding to German Auxiliaries)

1. Das Können

He can swim well. Do you know French? He can speak French. I shan't be able to come tomorrow.	können	Fähigkeit
The report may be true. It might be right. It could be right.	vielleicht können	Möglichkeit
You can go now.	können, dürfen	Erlaubnis

2. Das Dürfen

Might I use your pen? May I come in? – Yes, you may. Can I come in? – Yes, you can.	dürfen	Erlaubnis
May I . . . ? – No, you may not. Can I . . . ? – No, you can't. He was not allowed to stay.	nicht dürfen	nicht erteilte Erlaubnis
You mustn't smoke in here.	verboten sein	allgemeines Verbot

3. Das Müssen

Must you go so soon? I'll have to get up early tomorrow.	müssen	Verpflichtung, Notwendigkeit
It must be cold outside.	muß wohl	Vermutung
You need not help me. You don't have to wait for me.	nicht müssen	keine Verpflichtung

4. Das Sollen

Shall I buy some ham?	soll ich?	Frage nach einem Auftrag
He shall have a reward. He shall be punished.	er soll	Versprechen, Drohung
You should see a doctor. You ought to see a doctor.	du solltest	Rat
Shouldn't you help your father? Oughtn't you to help your father?	solltest du nicht?	Verpflichtung
Mr Smith should arrive tomorrow. Mr Smith ought to arrive tomorrow.	sollte eigentlich	Wahrscheinlichkeit
If you should meet him, tell him . . .	falls du . . . solltest	Möglichkeit
You are to post this letter. They were told to keep quiet.	sollen	Auftrag (eines Dritten)

5. Das Wollen

I want to finish my work first.	wollen	Absicht
The Browns are going to buy a house.	im Begriff sein	
I intend to buy a new car.	beabsichtigen	
Jim wished to go to America. We should like to leave now.	gern wollen	Wunsch
I'm willing to lend you £10.	bereit sein	Bereitschaft
Will you buy me a newspaper please?	bitte . . .	Bitte
I will come tonight, but I won't stay.	wollen	Wille

Hilfsverben in Kurzsätzen (Auxiliary Verbs in Short Sentences)

Kurze Aussagesätze (Short Statements) 20

Im Englischen werden kurze Sätze bevorzugt, wo im Deutschen oft nur einzelne Wörter gebraucht werden, z. B. ‚Ja.' ‚Nein.' ‚Ich auch.' ‚Ich auch nicht.'
Das Hilfsverb des Vordersatzes wird wiederholt

1. **Are you** tired? – Yes, **I am.** Ja. **Can you** swim? – No, **I can't.** Nein. **Have you** a house? – No, **we haven't.** Nein. **Don't you** understand? – No, **I don't.** Nein.	1. bei kurzen Antworten auf Fragen
2. **I have** written to my parents, and **so has** my sister. ... und meine Schwester auch. **Robert didn't** come. **Nor did Mike.** **Neither did Mike.** **Mike didn't either.** } Mike auch nicht.	2. bei kurzen Sätzen mit so ... = auch nor ... neither ... not ... either } = auch nicht

Beachte
Ist im Vordersatz kein Hilfsverb vorhanden, so wird eine Form von *to do* verwendet:
Who knows Mr Smith? – **Peter does.** Peter. **Who broke** the window? – **I did.** Ich.
I like dancing and **so does** my friend. ... und meine Freundin auch.

Kurzfragen (Question Tags) 21

Im gesprochenen Englisch verwendet man oft Kurzfragen, die etwa den deutschen Ausdrücken ‚nicht?', ‚nicht wahr?', ‚oder?' entsprechen, aber viel häufiger gebraucht werden. Diese Kurzfragen nehmen Hilfsverb und Subjekt des vorhergehenden Satzes wieder auf.

1. **It's** a wonderful evening, **isn't it?** Ist das nicht ein herrlicher Abend? **You will** be careful, **won't you?** Du bist doch vorsichtig, nicht wahr? **We must** go now, **mustn't we?** Wir müssen jetzt gehen, oder nicht?	1. Ist der Vordersatz bejaht, so ist die Kurzfrage verneint.
2. **You have never** been here before, **have you?** Du bist hier noch nie gewesen, oder? **You don't** mind if I smoke, **do you?** Es stört Sie doch nicht, wenn ich rauche?	2. Ist der Vordersatz verneint, so ist die Kurzfrage bejaht.

Beachte
Ist im Vordersatz kein Hilfsverb vorhanden, so wird eine Form von *to do* verwendet:
You remember Mr Fowler, **don't you?** Du erinnerst dich doch an Mr Fowler?
Mary never goes dancing, **does she?** Mary geht niemals tanzen, nicht wahr?

Das Passiv (The Passive Voice)

Formen (Forms) 22

Einfache Form (Passive Ordinary)

Präsens	the house is built	... wird gebaut
Perfekt	the house has been built	... ist gebaut worden
Präteritum	the house was built	... wurde gebaut
Plusquamperfekt	the house had been built	... war gebaut worden
Futur I	the house will be built	... wird gebaut werden
Futur II	the house will have been built	... wird gebaut worden sein
Konditional I	the house would be built	... würde gebaut werden
Konditional II	the house would have been built	... würde gebaut worden sein (... wäre gebaut worden)

Die einfache Form des Passivs gibt es in allen Zeiten. Sie wird mit *to be* und dem Partizip Perfekt gebildet.

Verlaufsform (Passive Continuous)

Präsens	the house is being built	... wird gerade gebaut
Präteritum	the house was being built	... wurde gerade gebaut

Die Verlaufsform des Passivs gibt es nur im Präsens und im Präteritum. Sie wird mit *to be being* und dem Partizip Perfekt gebildet.

Das Passiv im Satz (The Passive Voice in the Sentence) 23

	Subjekt	Prädikat	Objekt	
Aktiv:	People	speak	English	all over the world.
Passiv:	English	is spoken		all over the world.

1. My bicycle **was stolen** yesterday. Mein Fahrrad wurde gestern gestohlen. This church **was built** in the 15th century. Diese Kirche wurde im 15. Jahrhundert gebaut.	1. In Passivsätzen wird der Handelnde gewöhnlich nicht genannt, weil er unbekannt oder unwichtig ist.
2. My bicycle **was stolen by a ten-year-old boy.** ... wurde von einem zehnjährigen Jungen gestohlen. This play **was written by Shaw.** Dieses Stück wurde von Shaw geschrieben.	2. Will man den Handelnden ausdrücklich nennen, so wird er mit *by* angeschlossen.

Das Passiv bei Verben mit direktem Objekt (vgl. § 56) (The Passive Voice with Verbs with a Direct Object) **24**

	Subjekt	Prädikat	direktes Objekt	
Aktiv:	The police	arrested	two men.	
Passiv:	Two men	were arrested		(by the police).
Aktiv:	Our friends	helped	us.	
Passiv:	We	were helped		(by our friends).

Verben mit direktem Objekt bilden das Passiv, indem das direkte Objekt des Aktivsatzes zum Subjekt des Passivsatzes wird. Auch folgende englische Verben haben ein direktes Objekt und können, im Gegensatz zu den entsprechenden deutschen Verben, ein persönliches Passiv bilden:

to advise (s.o.)	raten	to meet (s.o.)	begegnen
to approach (s.o., s.th.)	sich nähern	to obey (s.o., s.th.)	gehorchen
to believe (s.o., s.th.)	glauben	to order (s.o.)	befehlen
to follow (s.o., s.th.)	folgen	to remember (s.o., s.th.)	sich erinnern an
to forgive (s.o.)	vergeben	to resist (s.o., s.th.)	widerstehen
to help (s.o.)	helfen	to thank (s.o.)	danken
to join (s.o., s.th.)	sich anschließen	to trust (s.o., s.th.)	vertrauen

Englische Passivkonstruktionen werden im Deutschen oft durch aktive Konstruktionen wiedergegeben, häufig durch Sätze mit ‚man'.

In 1848 gold **was discovered** in California.
1848 wurde Gold in Kalifornien entdeckt. 1848 entdeckte man in Kalifornien Gold.

Mrs Black **will be taken** to hospital tomorrow.
Mrs Black kommt morgen ins Krankenhaus.

My father **was advised** to buy that house.
Meinem Vater wurde geraten, das Haus zu kaufen. Man riet meinem Vater ...

The story **is believed** to be true.
Man glaubt, die Geschichte sei wahr. Die Geschichte soll wahr sein.

He **cannot be helped,** I'm afraid.
Ich fürchte, ihm kann nicht geholfen werden. ... man kann ihm nicht helfen.

When we arrived at Victoria Station we **were joined** by a guide.
... schloß sich uns ein Fremdenführer an.

We **were thanked** for our help.
Man dankte uns für unsere Hilfe.

I am sure Mr Morrison **can be trusted.**
Ich bin sicher, daß man Mr Morrison vertrauen kann.

Das Passiv bei Verben mit direktem und indirektem Objekt (vgl. §57) 25
(The Passive Voice with Verbs with a Direct and Indirect Object)

	Subjekt	Prädikat	indir. Objekt	dir. Objekt
Aktiv:	The stewardess	offered	the passengers	newspapers.
Passiv:	The passengers	were offered		newspapers.
	Newspapers	were offered		to the passengers.

Verben mit direktem und indirektem Objekt bilden das Passiv, indem das indirekte Objekt des Aktivsatzes zum Subjekt des Passivsatzes wird. Gelegentlich kann auch das direkte Objekt zum Subjekt des Passivsatzes werden. Solche Verben sind z. B.:

to allow	bewilligen, gewähren	to pay	bezahlen
to bring	bringen	to promise	versprechen
to give	geben	to sell	verkaufen
to hand	übergeben, aushändigen	to send	senden, zuschicken
to leave	hinterlassen	to show	zeigen
to offer	anbieten	to teach	lehren
to pass	reichen	to tell	erzählen

Passengers **are allowed** up to 20 kg free luggage on a plane.
Passagiere dürfen bis zu 20 kg Freigepäck ins Flugzeug nehmen.

The house owner **was given** the key by the architect.
Der Hausbesitzer bekam den Schlüssel vom Architekten.

We **were paid** £200 for our old car.
Wir erhielten £200 für unseren alten Wagen. Man zahlte £200 ...

We **were shown** the whole house.
Man zeigte uns das ganze Haus. Uns wurde das ganze Haus gezeigt.

The children **are usually told** a story before going to bed.
Den Kindern wird vor dem Zubettgehen gewöhnlich eine Geschichte erzählt.

Das Passiv bei Verben mit präpositionalem Objekt (vgl. §58) 26
(The Passive Voice with Verbs with a Prepositional Object)

	Subjekt	Verb + Präposition	Objekt
Aktiv:	Nurses	look after	the patients.
Passiv:	The patients	are looked after	(by nurses).

Viele englische Verben und verbale Ausdrücke sind so fest mit einer Präposition verbunden, daß diese feste Verbindung auch im Passiv bestehenbleibt. Dazu gehören z. B.:

to agree on (to)	sich einigen auf	to look at	schauen auf
to ask for	bitten um	to pay for	zahlen für
to complain of	sich beklagen über	to rely on	sich verlassen auf
to deal with	behandeln	to send for	schicken nach
to dream of	träumen von	to speak about (of)	sprechen von
to hear about (of)	hören von	to speak to	sprechen mit
to laugh at	lachen über	to talk about (of)	sprechen von
to listen to	zuhören	to think about (of)	denken über
to look after	sorgen für	to take care of	sorgen für

Landing cards **are asked for** in Dover. In Dover werden Landekarten verlangt.
Such a thing **had never been heard of** before. So etwas hatte man noch nicht gehört.
Jane **can be relied on.** Man kann sich auf Jane verlassen.
The doctor **must be sent for.** Man muß den Arzt holen. Der Arzt muß geholt werden.
The children **were well taken care of.** Man sorgte gut für die Kinder.

Die einfache Form und die Verlaufsform 27

(The Ordinary Form and the Continuous Form)

Im Englischen gibt es für alle Zeiten des Aktivs neben der einfachen Form auch die Verlaufsform. Im Passiv gibt es die Verlaufsform nur im Präsens und im Präteritum. Sie wird mit einer Form von *to be* und dem Partizip Präsens gebildet.

Aktiv:
I work – I am working
I have worked – I have been working
I worked – I was working
etc. etc.

Passiv:
the kitchen is painted – the kitchen is being painted
the kitchen was painted – the kitchen was being painted

Folgende Verben bilden meist keine Verlaufsform:

1. Verben der Wahrnehmung:
   to hear, to notice, to see, to smell, to taste
2. Verben der Zu- und Abneigung:
   to like, to dislike, to hate, to love, to mind, to prefer
3. Verben des Wünschens:
   to want, to wish
4. Verben des Glaubens und Meinens:
   to agree, to believe, to remember, to doubt, to feel (that), to know, to understand
5. einige Verben, die einen Zustand bezeichnen:
   to be, to belong, to contain, to have (= besitzen), to possess, to own

Die einfache Form steht	**Die Verlaufsform** steht
1. wenn etwas immer so ist:	wenn ein Vorgang in seinem Verlauf geschildert wird (dt. häufig ‚gerade'):
Water **boils** at 100 degrees. The sun **rises** in the east.	The water **is boiling.** Make some tea. Look, the sun **is just rising.**
2. wenn sich Vorgänge wiederholen (z. B. nach Zeitangaben wie *always, often, never, sometimes, every day*):	
When I was in England **I read** 'The Times' every day. Mother always **gets** angry if we don't clean our shoes.	What is that German newspaper **you are reading?** **It's** already **getting** dark. We'd better go home.
3. wenn verschiedene Vorgänge aufeinanderfolgen:	
Mr Jackson **closed** the door, **sat** comfortably down in his armchair and **opened** his newspaper. I **didn't do** much last night. I **wrote** a letter to Mary and then I **listened** to records.	Mr Jackson **was** comfortably **sitting** in his armchair. He **was** just **opening** his newspaper when the telephone rang. What **were** you **doing** when I phoned last night? – I **was writing** letters and **listening** to records.
4. bei Vorgängen, die nur einen Augenblick dauern:	
Jane **turned** on the light in the living-room. I **cut** my finger.	Jane **was** slowly **turning** the pages of a book when I entered. Father **is cutting** the lawn.

Die Zeiten (The Tenses)

Das Präsens (The Present Tense) 28

The whole family **is sitting** in the living-room. Father **is reading** the newspaper, Mother **is writing** a letter, and Paul and Mary **are doing** their homework. I usually **get up** at 6 o'clock. No man **can serve** two masters.	Das Present Tense bezeichnet Vorgänge der Gegenwart und Tatsachen.

Beachte. Die Verlaufsform des Präsens kann auch futurische Bedeutung haben (vgl. §32):
I'm leaving tomorrow. Morgen reise ich ab.

Das Perfekt (The Present Perfect) 29

Das Present Perfect wird verwendet, wenn eine Verbindung zwischen Vergangenheit und Gegenwart ausgedrückt werden soll.
Es steht häufig bei Zeitangaben wie

already	since ...	never	today
so far	for ...	yet	this morning
up to now	ever	just	this week

Vergangenheit	Gegenwart
1. Vorgang ist für die Gegenwart noch von Bedeutung:	
Mike **has had** an accident.	Now he is in hospital.
I **have** already **seen** this film.	I don't want to see it again.
David **has passed** his examination.	Now he can go to university.
I **have lost** my gloves.	I must buy a new pair.
2. Vorgang hat sich unmittelbar vor der Gegenwart ereignet:	
Mr Johnson **has** just **left** the office.	Perhaps you can catch him downstairs.
The plane from Paris **has** just **landed.**	Can you see Jane among the passengers?
What **have** I just **told** you?	Need I say it again?
We **have** just **finished** with supper.	I must do the washing-up now.
3. Vorgang dauert in der Gegenwart noch an (häufig Present Perfect Continuous, dt. Präsens + ‚schon'):	
It **has been raining** since yesterday, Es regnet schon seit gestern.	and it doesn't look as if it would stop.
How long **has** he **been learning** English? Wie lange lernt er schon Englisch?	He still makes a lot of mistakes.
I **have known** Charles for a long time. Ich kenne Charles schon lange.	I know he wouldn't do such a thing.
4. Zeitraum, in dem sich ein Vorgang ereignet, dauert noch an:	
I **have been** to London three times	this year.
What **have** you **had** for lunch	today?
I **haven't seen** anything so funny	in all my life.
My husband **has had** a lot to do	this week.

Beachte
since = ‚seit' bei Angabe eines Zeitpunkts:
I have been here **since Monday.** I have been waiting **since half past two.**
for = ‚seit' bei Angabe eines Zeitraums:
I have been here **for three days.** I have been waiting **for ten minutes.**

Das Präteritum (The Past Tense) 30

What **were** you **doing** at the station when I **saw** you yesterday? – I **was waiting** for a friend who **arrived** by the 10.05 train from London. We **sold** our house last week. The train **was** just **leaving** when we **got** to the station. We **were living** in London five years ago.	Das Past Tense wird für Vorgänge verwendet, die in der Vergangenheit stattgefunden haben und abgeschlossen sind, z. B. bei Zeitangaben wie *yesterday, last week, five days ago* usw.

Das Plusquamperfekt (The Past Perfect) 31

Zeitpunkt ●	in der Vergangenheit
1. Vorgang war vor einem Zeitpunkt in der Vergangenheit abgeschlossen:	
The train to Birmingham **had** just **left**	when we got to the station.
We **had sold** our old car I **had** already **had** supper,	before we bought this one. so I wasn't hungry.
2. Vorgang dauerte bis zu einem Zeitpunkt in der Vergangenheit an (häufig Past Perfect Continuous):	
How long **had** you **been waiting** for Alan	before he finally came?
The sun **had been shining** all day, We **had been living** in London	but then suddenly clouds came up. before we moved to Birmingham.

Das Futur I (The Future Tense) 32

Im Englischen steht für zukünftige Handlungen eine Form des Futurs, im Deutschen dagegen häufig das Präsens:

I hope **you'll come** tomorrow.	Ich hoffe, du kommst morgen.
I'm afraid it **will rain** this afternoon.	Ich fürchte, es regnet heute nachmittag.

Um eine zukünftige Handlung auszudrücken, gibt es folgende Möglichkeiten:

1. We **shall meet** you at the station. We **shall be meeting** you at the station. **Will** your brother **come,** too? **Will** your brother **be coming,** too?	1. die einfache und die Verlaufsform des Futurs

2. When **are** you **leaving** London? – **I'm leaving** tomorrow afternoon. **Are** you **travelling** by train? – No, some friends **are taking** me with them in their car. They **are going** to Cornwall on holiday.	2. die Verlaufsform des Präsens, wenn im Zusammenhang deutlich wird, daß es sich um zukünftige Vorgänge handelt
3. **I'm going to buy** a new car next week. I'm afraid **it's going to rain** this afternoon. We **are going to be late** if we don't hurry up.	3. *to be going to* + Infinitiv

Beachte
In Nebensätzen mit *if* (= wenn, falls), *unless, when, until, before* und *as soon as* steht statt des Futurs wie im Deutschen das Präsens:
Come and see me **when you are** in town.
I'll ring you up **as soon as I am** back.
You should eat a little **before you leave.**

Das Futur II (The Future Perfect) 33

By this time next year I **shall have paid** all my debts. ... habe ich alle meine Schulden bezahlt. By next September you **will have been** in England for two years. When you return to Germany you **will have improved** your knowledge of English considerably.	Das Future Perfect bezeichnet Vorgänge, die zu einem bestimmten Zeitpunkt der Zukunft abgeschlossen sein werden. Im Deutschen steht häufig das Perfekt.

Das Konditional (The Conditional) 34

Die Formen des Konditional I und II werden gebraucht

1. If I had time, I **should go** to the football match. If I had had time, I **should have gone** to the football match.	1. nach Bedingungssätzen (vgl. § 35)
2. Mike said he **would go** shopping for me. Mr Roberts thought that he **would have paid** all his debts by May.	2. in der indirekten Rede (vgl. § 36)

Der Bedingungssatz (The Conditional Clause) 35

If-Satz	Hauptsatz
Present Tense	Future Tense
If we **take** a taxi, Wenn wir ein Taxi nehmen,	we **shall** still **catch** the train. erreichen wir den Zug noch.
If you **work** hard, Wenn du dich anstrengst,	you **will pass** your examination. bestehst du dein Examen.
Past Tense	Conditional
If we **took** a taxi, Wenn wir ein Taxi nähmen,	we **should** still **catch** the train. würden wir den Zug noch erreichen.
If you **worked** hard, Wenn du dich anstrengtest,	you **would pass** your examination. würdest du dein Examen bestehen.
Past Perfect	Conditional Perfect
If we **had taken** a taxi, Wenn wir ein Taxi genommen hätten,	we **should** still **have caught** the train. hätten wir den Zug noch erreicht.
If you **had worked** hard, Wenn du dich angestrengt hättest,	you **would have passed** your examination. hättest du dein Examen bestanden.

Beachte
Als Past Tense von *to be* wird im Bedingungssatz in allen Personen *were* verwendet:
If I were rich, I should make a journey round the world.
Wenn ich reich wäre, würde ich eine Reise um die Welt machen.
If I were you, I should accept the offer.
Ich an deiner Stelle würde das Angebot annehmen.

Die Zeitenfolge in der indirekten Rede 36
(The Sequence of Tenses in Reported Speech)

Im Englischen steht, abweichend vom Deutschen, in der indirekten Rede stets der Indikativ.
Vor der indirekten Rede steht kein Komma, *that* kann weggelassen werden.
Als indirekte Rede gelten Sätze z. B. nach folgenden Verben:

to ask	to fear	to say	to wonder
to be sure	to hope	to tell	to want to know
to believe	to know	to think	etc.

Das Verb der indirekten Rede richtet sich nach der Zeitform des einführenden Satzes. Dabei unterscheidet man zwei Gruppen:
a) Gegenwartsgruppe (Present, Present Perfect)
b) Vergangenheitsgruppe (Past, Past Perfect)

a) Einführungssatz: Gegenwartsgruppe

Steht der Einführungssatz in einer Zeitform der Gegenwartsgruppe, so wird in der indirekten Rede die Zeitform der direkten Rede beibehalten.

Direkte Rede	Indirekte Rede
"I **like** to play tennis."	Tom **says** (that) he **likes** to play tennis.
"I **have met** Mike this morning."	Jane **says** (that) she **has met** Mike this morning.
"**I'm leaving** tomorrow."	Mr Barton **has** just **told** me (that) he **is leaving** tomorrow.

b) Einführungssatz: Vergangenheitsgruppe

Steht der Einführungssatz in einer Zeitform der Vergangenheitsgruppe, so ändert sich die Zeitform in der indirekten Rede.

Direkte Rede	Indirekte Rede
Present Tense →	Past Tense
"We **don't want** to watch TV."	My parents **said** (that) they **didn't want** to watch TV.
Present Perfect →	Past Perfect
"I **have seen** this film already."	Jane **told** me (that) she **had seen** that film already.
Past Tense →	Past Perfect
"Mr Brown **spent** several years in the USA."	Peter **said** (that) Mr Brown **had spent** several years in the USA.
Future Tense →	Future in the Past (= Konditional I)
"We **shall go** to London tomorrow."	The Robinsons **said** (that) they **would go** to London the next day.
Future Perfect →	Future Perfect in the Past (= Konditional II)
"By this time next year I **shall have taken** my examination."	He **thought** (that) he **would have taken** his examination by that time the following year.

Beachte. Bei der Umwandlung der direkten in die indirekte Rede wird häufig

this	zu	*that*	*tomorrow*	zu	*the next day*
these	zu	*those*	*yesterday*	zu	*the day before*
here	zu	*there*	*last week*	zu	*the week before*
now	zu	*then*	*a week ago*	zu	*a week before*
today	zu	*that day*	*next week*	zu	*the following week*

Der Fragesatz in der indirekten Rede (Questions in Reported Speech) **37**

Direkte Rede	Indirekte Rede
"When **does** the train **leave**?" "Where **did** you **buy** this dress?" "Who **is living** in the house next to yours?" "**Do** you **believe** me or not?" "Why **didn't** you **come** to the meeting?"	The gentleman **asks** when the train **leaves.** Dorothy **wants to know** where I **bought** this dress. The man **has** just **asked** me who **is living** in the house next to ours. Jim **asked** whether I **believed** him or not. Mrs Brown **asked** why I **hadn't come** to the meeting.

Beachte
Der indirekte Fragesatz hat, im Gegensatz zum direkten Fragesatz, die Wortstellung des Aussagesatzes: Subjekt – Prädikat – Objekt.

Der Imperativ in der indirekten Rede (The Imperative in Reported Speech) **38**

Direkte Rede	Indirekte Rede
1. "Don't wait for me." "Help me with my luggage and call a taxi for me."	1. Mike told us **not to wait** for him. Mr Barton asked me **to help** him with his luggage and **to call** a taxi for him.
2. "Shut the door behind you." "Don't tell anybody what you have seen."	2. The farmer said (that) we **must shut** the door behind us. The man said (that) I **should not tell** anybody what I had seen.

Der Imperativ wird in der indirekten Rede wiedergegeben
1. durch einen Infinitiv
2. durch einen Nebensatz mit *must* oder *should*

Der Infinitiv (The Infinitive)

Der Infinitiv ohne 'to' (The Infinitive without 'to') **39**

Der Infinitiv ohne *to* steht

1. I **must finish** my work today. I **cannot see** anything. **May** I **speak** to Mr Roberts, please?	1. nach den unvollständigen Hilfsverben

2. **We had better go** now. Wir sollten jetzt lieber gehen. Shall we go to the cinema? – No, thank you, **I would rather stay** at home. Nein, ich möchte lieber zu Hause bleiben.	2. nach I had better I would rather

Der Infinitiv mit 'to' (The Infinitive with 'to') 40

Der Infinitiv mit *to* steht

1. Would you **like to go** for a walk? I **tried to phone** you, but you weren't at home. There is a man at the door who **wants to talk** to you.	1. nach einer Reihe von Verben (s. Liste)
2. I hope there will be someone **to help** me with my luggage. ... jemand, der mir mit dem Gepäck hilft. That's nothing **to worry** about. ... nichts, worüber man sich Sorgen machen sollte. Where can I find a taxi **to take** me to the station? ... ein Taxi, das mich zum Bahnhof bringen könnte? Jack was always **the last to arrive** and **the first to leave.** ... der letzte, der kam, und der erste, der ging. **The best thing to do** is to keep quiet. Das beste, was man tun kann, ...	2. anstelle einiger deutscher Relativsätze, besonders nach Ordnungszahlen und Superlativen (vgl. auch § 115)
3. Can you explain to me **how to start** this car? ... wie man den Wagen anläßt? We did not know **where to stay** overnight. ... wo wir über Nacht bleiben sollten. Susan wondered **whether to stay** or **to leave.** ... ob sie bleiben oder gehen sollte.	3. in Verbindung mit Fragewörtern: how to what to where to whether to when to
4. Miss Jung went to England **to improve** her knowledge of English. She worked very hard **in order to pass** the exam. Father bought the tickets early **so as to get** the best seats.	4. zur Bezeichnung des Zweckes: to in order to } = um zu so as to

Liste zu 1.

to agree	to hate	to love	to remember
to begin	to hope	to offer	to start
to continue	to intend	to prefer	to try
to decide	to learn	to promise	to want
to forget	to like	to refuse	to wish

Beachte
In der Umgangssprache steht nach *to come, to go* und *to try* oft der Infinitiv mit *and:*
I'll **come and see** you tomorrow.
Peter, **go and see** whether the newspaper is already there.
I'll **try and get** tickets for the cinema.

Der Infinitiv im Passiv (The Passive Infinitive) 41

The book **is to be had.** Das Buch ist zu haben. Nobody **was to be seen** in the street. Niemand war auf der Straße zu sehen. **There is** a lot of work **to be done.** A lot of work **remains to be done.** Viel Arbeit ist (bleibt) noch zu tun.	Nach *to be* und *to remain* (dt. ‚ist zu ...', ‚bleibt zu ...') steht im Gegensatz zum Deutschen im Englischen der passive Infinitiv.

Beachte
Nach Adjektiven ist die Infinitivkonstruktion wie im Deutschen:

This text is easy to translate.	Dieser Text ist leicht zu übersetzen.
This poem is hard to understand.	Dieses Gedicht ist schwer zu verstehen.
Is English difficult to learn?	Ist Englisch schwer zu lernen?

Direktes Objekt + Infinitiv ohne 'to' 42
(Direct Object + Infinitive without 'to')

	direktes Objekt	Infinitiv
1. They **saw** Sie sahen	**the man** den Mann	**disappear** round the corner. um die Ecke verschwinden.
I heard Ich hörte	**Father** Vater	**open** the door. die Tür öffnen.
I felt Ich fühlte,	**someone** wie jemand	**touch** my shoulder. meine Schulter berührte.
2. Jim **let** Jim ließ	**the fire** das Feuer	**go** out. ausgehen.
They **made** Man ließ	**him** ihn	**pay** the whole sum at once. die ganze Summe sofort zahlen.
You really **make** Du bringst	**me** mich	**laugh.** wirklich zum Lachen.

Direktes Objekt + Infinitiv ohne *to* stehen
1. häufig nach den Verben der Wahrnehmung: *to feel, to hear, to notice, to see, to watch* (vgl. aber auch § 51)
2. nach *to let* = (zu)lassen und *to make* = (veran)lassen, zwingen

Direktes Objekt + Infinitiv mit 'to' (Direct Object + Infinitive with 'to') 43

	direktes Objekt	Infinitiv
1. Mother **wants** Mutter möchte, daß	**us** wir	**to help** in the garden. im Garten helfen.
Father **hates** Vater mag es nicht, wenn	**us** wir	**to come** home late. spät nach Hause kommen.
2. The doctor **advised** Der Arzt riet	**Mr Jenkins** Mr Jenkins,	**to give up** smoking. das Rauchen aufzugeben.
My friend **asked** Mein Freund bat	**me** mich,	**to come** to see him tomorrow. ihn morgen zu besuchen.
The manager **expects** Der Direktor erwartet, daß	**everybody** jeder	**to be** present at the meeting. zu der Versammlung kommt.

Direktes Objekt + Infinitiv mit *to* stehen

1. nach Verben des Wünschens und Nichtwünschens: ***to hate, to like, to want, to wish, I should like***
2. nach Verben des Veranlassens, Forderns und Zulassens: ***to advise, to allow, to ask, to expect, to order, to tell, to warn (s.o. not to)***

Beachte. Bei passivem Sinn steht der passive Infinitiv:
Mr Jones **ordered the mail to be sent** to his hotel. ... gab den Auftrag, die Post ... zu senden.

Infinitivkonstruktionen mit 'for' (Infinitive Constructions with 'for') 44

Diese Konstruktion ist im Englischen sehr beliebt. Sie kann stehen

1. **It is difficult for me to speak** English. ... schwierig für mich, ... zu sprechen. **It is important for everybody to know** the rules of the road. ... daß jeder ... kennt. **It is time for me to leave.** Es ist Zeit, daß ich gehe.	1. nach *it is* + Adjektiv oder Substantiv, z. B. it is difficult — it is impossible it is important — it is usual it is natural — it is the custom it is possible — it is time
2. Time is **too short for me to tell** you the whole story. Die Zeit ist zu kurz, als daß ich ... The hotel is **near enough for you to walk** there. Das Hotel ist so nah, daß Sie ...	2. nach Adjektiven mit *too* und *enough*
3. He **asked for the tea to be served** in the living-room. Er bat darum, daß der Tee ... At the station we **looked for a porter to carry** our luggage. ... suchten wir einen Gepäckträger, der ...	3. nach den Verben to ask for — darum bitten, daß to call for — danach rufen, daß to hope for — darauf hoffen, daß to look for — nach jdm. suchen, der to wait for — darauf warten, daß

Der Infinitiv nach passivem Prädikat 45
(The Infinitive after Verbs in the Passive Voice)

Aktiv:	His father	made	him	work hard.
Passiv:	He	was made		to work hard.

	passives Prädikat	Infinitiv
I Ich	**am expected** werde	**to be** back on Tuesday. am Dienstag zurückerwartet.
I Ich	**was told** soll	**to ring** you up. Sie anrufen.
The film Der Film	**is said** soll	**to be** very good. sehr gut sein.

Beachte. Der Infinitiv nach passivem Prädikat steht immer mit *to.*

Das Gerundium (The Gerund)

Das Gerundium wird durch Anhängen von *-ing* an den Infinitiv gebildet:
to read – reading; to swim – swimming (Schreibregeln s. § 174/1 und 2)

Das Gerundium ist eine Verbform, die als Substantiv verwendet wird. Wie ein Verb kann es aber ein Objekt bei sich haben:
Collecting stamps is an interesting hobby. **Learning English** is not easy.

Es kann aber auch wie ein gewöhnliches Substantiv den bestimmten Artikel und einen of-Genetiv bei sich haben:
The collecting of stamps is an interesting hobby.

Im Deutschen kann das Gerundium entweder durch ein Substantiv oder durch einen Infinitiv wiedergegeben werden:
Collecting stamps is an interesting hobby. { (Das) Briefmarkensammeln ist … / Briefmarken zu sammeln ist … }

Das Gerundium als Subjekt (The Gerund as Subject) 46

Smoking is bad for your health. Rauchen ist schädlich für die Gesundheit. **Dancing** is great fun. Tanzen macht Spaß. **There was** a lot of **dancing** and **singing** at the party. Es wurde … viel getanzt und gesungen. **It's no use waiting** for the bus any longer. Es hat keinen Zweck, noch länger auf den Bus zu warten.	Das Gerundium kann Subjekt eines Satzes sein. Es steht z. B. nach there is it is no good } = es hat keinen Zweck it is no use }

anfangen, enden, mögen, hassen haben oft Gerundium

Das Gerundium als Objekt (The Gerund as Object) 47

Als Objekt steht das Gerundium

1. I just **couldn't help laughing.** Ich mußte einfach lachen. **I don't mind going** on foot. Es macht mir nichts aus, zu Fuß zu gehen. Why don't you **give up smoking?** Warum gibst du das Rauchen nicht auf? **Stop talking.** Hört auf zu schwatzen!	1. immer nach I can't help – to go on I don't mind – to keep on to enjoy – to stop to finish – to suggest to give up
2. The teacher **began reading** the text. Der Lehrer begann, den Text zu lesen. We had **intended camping** near the river. Wir hatten vor, ... zu zelten. Anne **started learning** French. Anne hat angefangen, Französisch zu lernen.	2. häufig nach to begin – to like to continue – to love to hate – to prefer to intend – to start

Beachte. Nach den unter 2. genannten Verben kann auch der Infinitiv stehen (vgl. §40): I **intend to spend** my next holidays in Cornwall.

Das Gerundium nach Präpositionen (The Gerund after Prepositions) 48

Das Gerundium steht nach folgenden festen Verbindungen:

1. We **decided on staying** a little longer. Wir entschlossen uns, etwas länger zu bleiben. I am **looking forward to seeing** you again. Ich freue mich darauf, dich wiederzusehen. Mr Jackson **speaks of buying** a house near London. ... sagt, daß er ... kaufen wolle. Ken **succeeded in passing** his test. Ken hat seine Prüfung bestanden.	1. Verb + Präposition, z. B. to agree on (to) – to object to to believe in – to speak of to complain of – to succeed in to decide on – to talk of to insist on – to think of to look forward to
2. **The chance of catching** any fish in this river is not very great. Die Aussicht, in diesem Fluß Fische zu fangen ... Richard never misses an **opportunity of showing** his photographs. Richard läßt keine Gelegenheit aus, seine Fotos zu zeigen.	2. Substantiv + Präposition, z. B. the chance of the danger of the difficulty in the hope of the opportunity of the way of
3. I am **fond of travelling.** Reisen macht mir Spaß. We are **interested in finding** English pen-friends. Wir möchten ... finden. I am **used to getting up** early. Ich bin es gewohnt, früh aufzustehen.	3. Adjektiv + Präposition, z. B. accustomed to – proud of afraid of – tired of fond of – used to interested in

Präposition + Gerundium (Preposition + Gerund) **49**

Präposition + Gerundium werden im Deutschen oft durch einen adverbialen Nebensatz wiedergegeben.

Buy a street map **before going** to London.	..., bevor du nach London fährst.
We got very good seats **by buying** our tickets early.	... dadurch, daß wir ... kauften.
He was put into prison **for having stolen** money.	..., weil er Geld gestohlen hatte.
In spite of hurrying I missed the train.	Obwohl ich mich beeilte ...
You can't live **without eating.**	Man kann nicht leben, ohne zu essen.

Das Gerundium mit eigenem Subjekt (The Gerund with a Subject of its own) **50**

gleiches Subjekt

The woman went to work in spite of being ill. (= although she was ill)
The woman went to work in spite of **her child** being ill. (= although her child was ill)

verschiedene Subjekte

Häufig ist das Subjekt des Satzes zugleich auch Subjekt des Gerundiums. Ist das nicht der Fall, so muß das Subjekt des Gerundiums besonders genannt werden.

1. Pronomen als Subjekt des Gerundiums

Ist das eigene Subjekt des Gerundiums ein Pronomen, so steht

a) Do you mind **me smoking** a cigar? Stört es Sie, wenn ich eine Zigarre rauche? It's no use **him trying** to take the examination. Es ist zwecklos, daß er versucht, das Examen zu machen.	a) entweder das Personalpronomen im Objektsfall *(me, you, him, her,* etc.*)*
b) I don't like **your working** so hard. Ich mag es nicht, daß du so schwer arbeitest. Do you mind **my smoking** a cigar? Stört es Sie, wenn ich eine Zigarre rauche?	b) oder das Possessivpronomen *(my, your, his, her,* etc.*)*

2. Substantiv als Subjekt des Gerundiums

Ist das eigene Subjekt des Gerundiums ein Substantiv, so steht es

a) The students complained of **the examination being** too difficult. ..., daß das Examen zu schwer sei. Can you imagine **Uncle Robert going out** without his umbrella? ..., daß Onkel Robert ohne seinen Regenschirm ausginge?	a) im Objektsfall
b) Mr Hill is proud of **Fred's having passed** his test. ..., daß Fred seine Prüfung bestanden hat. Mr Miller agreed to **his son's becoming** a doctor. ..., daß sein Sohn Arzt wurde.	b) gelegentlich im s-Genitiv (nur bei Personen!)

Das Partizip (The Participle)

Das Partizip Präsens *(Present Participle)* wird durch Anhängen von *-ing* an den Infinitiv gebildet: *to make – making; to swim – swimming* (Schreibregeln s. § 174/1 und 2). Zur Bildung des Partizip Perfekts *(Past Participle)* s. § 1.

Partizipien können verbal oder adjektivisch verwendet werden.
verbal: I saw you **working** in the garden. I must have my car **repaired.**
adjektivisch: This is **surprising** news for us. We had **boiled** eggs for breakfast.

Das Partizip Präsens (The Present Participle) 51

Das Partizip Präsens steht

1. The dog **came running** up to his master. Der Hund kam auf seinen Herrn zugelaufen. John **sat** there **looking** round. John saß da und schaute sich um. We **stood watching** the people. Wir standen und beobachteten die Leute.	1. nach Verben der Ruhe und Bewegung: to come — to run to go — to sit to lie — to stand to remain — to stay
2. We **heard the men talking** to each other. Wir hörten die Männer miteinander sprechen. We **watched the boys playing** football on the playing-field. Wir schauten den Jungen beim Fußballspielen zu.	2. nach Verben der Wahrnehmung (bei aktivem Sinn): to feel — to see to hear — to watch to notice

Beachte. 1. Nach den Verben der Wahrnehmung kann auch der Infinitiv stehen (vgl. § 42): We **heard the men talk** to each other.
2. Die Verben der Wahrnehmung können auch im Passiv mit dem Partizip stehen:
The burglar **was seen entering** the house by the window. Man sah, wie ...

Das Partizip Perfekt (The Past Participle) 52

Das Partizip Perfekt steht

1. I **felt my arm touched.** Ich fühlte, wie jemand meinen Arm berührte. I **heard my name shouted.** Ich hörte meinen Namen rufen.	1. nach Verben der Wahrnehmung (bei passivem Sinn): to feel — to hear
2. We **are having our house painted.** Wir lassen unser Haus streichen. I must **get the tank filled.** Ich muß ... füllen lassen. I **got my hair cut.** Ich ließ mir die Haare schneiden.	2. nach to have } + Objekt to get } (= lassen, veranlassen)

Beachte. Wird *to have* in der Bedeutung ‚lassen' gebraucht, so werden Frage und Verneinung mit *to do* gebildet: Where **did you have** your hair cut?

Partizipialkonstruktionen in der Bedeutung deutscher Nebensätze 53
(English: Participle Construction – German: Subordinate Clause)

Partizipialkonstruktionen werden im Deutschen oft durch Nebensätze und Satzreihen wiedergegeben.

Everyone going from Germany to America must have a passport.	Jeder, der von Deutschland nach Amerika fährt, ...
We noticed **two boys filling in** their landing cards.	Wir sahen zwei Jungen, die ihre Landekarten ausfüllten.
He showed me **a letter written** by his uncle.	... einen Brief, den sein Onkel geschrieben hatte.
Waiting for the bus, he got cold feet.	Während er auf den Bus wartete, bekam er ...
Having finished her shopping, Mrs Smith had a cup of coffee.	Nachdem Mrs Smith ihre Einkäufe erledigt hatte, trank sie ...
Having lost her glasses, my grandmother could not read the newspaper.	Da meine Großmutter ihre Brille verloren hatte, konnte sie ...
Wanting to help his father, John cleaned the car.	Weil John seinem Vater helfen wollte, putzte er ...
Mr Jackson was waiting for the bus, **reading the newspaper.**	Mr Jackson wartete auf den Bus und las dabei die Zeitung.
Taking his medicine regularly, the patient soon got better.	Der Patient nahm ..., und bald ging es ihm besser.

Partizipialkonstruktionen mit Konjunktionen 54
(Participle Constructions with Conjunctions)

Um den Sinn einer Partizipialkonstruktion zu verdeutlichen, wird manchmal eine Konjunktion eingefügt. Die häufigsten dieser Konjunktionen sind: ***although, as if, if, thus, unless, until, when, while.***

Although written four hundred years ago Shakespeare's plays are not forgotten.	Obwohl Shakespeares Stücke vor vierhundert Jahren geschrieben worden sind, ...
The waiter held out his hand **as if expecting the money.**	..., als erwartete er das Geld.
Don't drink too much beer **if driving a car.**	..., wenn du Auto fährst.
The boys and girls sold a great many UNICEF-cards, **thus helping poor children** all over the world.	... und halfen auf diese Weise armen Kindern ...
Non-members are not admitted to the club **unless accompanied** by a member.	..., wenn sie nicht von einem Mitglied begleitet werden.
When driving a car my father never smokes.	Wenn er Auto fährt, raucht mein Vater nie.
While reading an interesting book I don't want to be disturbed.	Ich möchte beim Lesen eines interessanten Buches nicht gestört werden.

Partizipialkonstruktionen mit eigenem Subjekt 55
(Participle Constructions with a Subject of their own)

gleiches Subjekt

As **she** was ill **she** couldn't come.
As **her son** was ill **she** couldn't come.

verschiedene Subjekte

gleiches Subjekt

Being ill **she** couldn't come.
Her son being ill **she** couldn't come.

verschiedene Subjekte

Peter being an Englishman, I asked him to help me translate a letter. Da Peter Engländer ist, ... **The trains being full** during the rush hour, Kate could not get in. Da die Züge ... voll waren, ... Jack and George took part in the bicycle race, **Jack winning the first prize.** ..., und Jack gewann den ersten Preis.	Partizipialkonstruktionen mit eigenem Subjekt kommen hauptsächlich in der Schriftsprache vor. Sie werden im Deutschen häufig durch einen Nebensatz des Grundes oder durch eine Satzreihe mit ‚und' wiedergegeben.

Das Verb und seine Ergänzungen
(The Verb and its Complements)

Im Englischen gibt es drei Arten von Objekten: direkte, indirekte und präpositionale.

Verb	indirektes Objekt	direktes Objekt	präpositionales Objekt
He left	–	the house.	–
He gave	me	his address.	–
He spoke	–	–	of his friends.
He helped	–	me	with my work.

Verben mit direktem Objekt (Verbs with a Direct Object) 56

I **advised Mr Black** to take a taxi. Ich riet Herrn Black, ... Do you **believe me** or **him?** Glaubst du mir oder ihm? Can I **help you?** Kann ich dir helfen? You **passed me** last night without looking at me. Du bist gestern abend an mir vorbeigegangen, ... I **remember Mr Roberts** quite well. Ich erinnere mich gut an Herrn Roberts.	Einer Reihe von englischen Verben mit direktem Objekt (s. Liste nächste Seite) entsprechen deutsche Verben mit Dativobjekt oder präpositionalem Objekt.

to advise (s.o.)	raten	to obey (s.o., s.th.)	gehorchen
to answer (s.o.)	antworten	to order (s.o.)	befehlen
to approach (s.o., s.th.)	sich nähern	to pass (s.o., s.th.)	vorbeigehen an
to believe (s.o., s.th.)	glauben	to please (s.o.)	gefallen
to enter (s.th.)	eintreten in	to remember (s.o., s.th.)	sich erinnern an
to follow (s.o., s.th.)	folgen	to resist (s.o., s.th.)	widerstehen
to forgive (s.o.)	vergeben	to serve (s.o.)	dienen
to help (s.o.)	helfen	to thank (s.o.)	danken
to join (s.o., s.th.)	sich anschließen	to trust (s.o., s.th.)	vertrauen
to meet (s.o.)	begegnen	(vgl. auch § 24, Passiv)	

Verben mit direktem und indirektem Objekt 57

(Verbs with a Direct and an Indirect Object)

	indirektes Objekt	direktes Objekt
1. Give	Jack	my regards.
Could you lend	me	£10?
Pass	me	the sugar, please.
Mike showed	his friends	his stamp-collection.
Will you tell	us	something about your work?
	direktes Objekt	indirektes Objekt
2. a) The girls offered	drinks	to everybody at the party.
I sold	my car	to a good friend of mine.
Tell	your stories	to a child, not to me.
b) This is an interesting book. Will you lend	it	to me?
Take the tickets and give	them	to your father.

1. Bei Verben mit direktem und indirektem Objekt steht gewöhnlich das indirekte Objekt (Personenobjekt) vor dem direkten Objekt (Sachobjekt). Solche Verben sind:

to bring	bringen	to pay	zahlen
to give	geben	to promise	versprechen
to hand	übergeben, aushändigen	to sell	verkaufen
to leave	hinterlassen	to send	senden, zuschicken
to lend	leihen	to show	zeigen
to offer	anbieten	to teach	lehren
to owe	schulden	to tell	erzählen
to pass	reichen	(vgl. auch § 25, Passiv)	

2. Das indirekte Objekt wird jedoch dem direkten Objekt mit *to* nachgestellt
a) wenn das indirekte Objekt länger ist als das direkte oder wenn es besonders betont werden soll
b) wenn das direkte Objekt *it* oder *them* ist

Verben mit präpositionalem Objekt (Verbs with a Prepositional Object) 58

Can you **explain** this sentence **to me?** Are you **looking for a new job?** You can **rely on my help.** I've **searched** the whole house **for my glasses.**	Eine Reihe von Verben schließen das Objekt mit einer Präposition an.

to agree on (to)	sich einigen auf
to ask for	bitten um
to compare with (to)	vergleichen mit
to excuse for	entschuldigen, daß
to explain to	jdm. erklären
to hear about (of)	hören von
to help with	helfen bei
to hide from	verbergen vor
to inform of	in Kenntnis setzen von
to introduce to	jdm. vorstellen
to laugh at	lachen über
to listen to	hören auf, zuhören
to look at	sehen auf, ansehen
to look for	suchen (nach)
to prefer to	vorziehen
to rely on	sich verlassen auf
to remind of	erinnern an
to say to	jdm. sagen
to search for	durchsuchen nach
to send for	schicken nach
to share with	teilen mit
to speak about (of)	sprechen von (über)
to speak to	sprechen mit
to talk about (of)	sprechen von (über)
to think about (of)	denken über

(vgl. auch § 26, Passiv)

Die prädikative Ergänzung (The Predicative Complement) 59

Subjekt	präd. Ergänzung	Objekt	präd. Ergänzung
He was	**angry.**	The news made **him**	**angry.**
Bill became	**our leader.**	We made **Bill**	**our leader.**

Die prädikative Ergänzung kann ein Adjektiv oder ein Substantiv sein. Sie bezeichnet eine Eigenschaft des Subjekts oder des Objekts.

a) Die prädikative Ergänzung zum Subjekt

The cats **seem hungry.** The children **kept quiet.** We **felt** very **tired** when we came back from the walk. Mary **looked pretty** in her new dress. The milk **tastes sour.** The two girls **became friends.** We **got wet** through on our way back home.	Nach den folgenden Verben steht nie ein Adverb, sondern ein Substantiv oder ein Adjektiv als prädikative Ergänzung:

to be	sein	to smell	riechen
to seem, to appear	scheinen	to taste	schmecken
to remain, to keep	bleiben	to sound	klingen
to feel	sich fühlen	to become, to get (dark), to grow (old), to turn (pale)	werden
to look	aussehen		

b) Die prädikative Ergänzung zum Objekt steht

1. We **acknowledge** Bob **as the best pupil** in our class. They **chose** the oldest boy **as their leader.** My brother **speaks of** you **as his best friend.** People **think of** Mr Jackson **as an honest man.**	1. mit *as* bei to acknowledge as } anerkennen als to recognize as } to choose as — wählen zu to look upon as — ansehen als to speak of s.o. as } von jdm. sagen, daß to talk of s.o. as } to think of s.o. as — jdn. halten für
2. They **appointed** Mr Warner **manager.** They **elected** him **president.** I had always **found** Shirley **an excellent tennis player.** Shall we **make** Jim **the leader** of our group? I **think** her **very clever.**	2. ohne *as* bei to appoint — ernennen zu to crown — krönen zu to elect — wählen zu to find — finden, daß to make — machen zu to think — halten für

Das Substantiv (The Noun)

Singular und Plural der Substantive

(Singular and Plural of Nouns)

Regelmäßige Pluralformen (Regular Plural Forms) 60

Die meisten englischen Substantive bilden den Plural durch Anhängen von *s* an den Singular.

Ausspracheregeln

Das Plural-s ist

1. roof – roofs [fs] shop – shops [ps] shirt – shirts [ts]	1. stimmlos [s] nach stimmlosen Konsonanten (Angleichungsregel, vgl. §175/1)
2. bird – birds [dz] dog – dogs [gz] shoe – shoes [u:z]	2. stimmhaft [z] nach stimmhaften Konsonanten und nach Vokalen (Angleichungsregel, vgl. §175/1)
3. blouse – blouses [ziz] face – faces [siz] bridge – bridges [dʒiz]	3. silbisch [iz] nach Zischlauten (Regel vom silbischen Auslaut, vgl. §175/2)

Beachte. Das stimmlose *s* von *house* [haus] wird im Plural stimmhaft: *houses* ['hauziz]

Schreibregeln

1. dress – dresses box – boxes bus – buses church – churches brush – brushes match – matches	1. Endet ein Wort auf einen Zischlaut, so wird *es* [iz] angehängt (Regel vom silbischen Auslaut, vgl. §174/4).
2. body – bodies story – stories party – parties copy – copies	2. *y* wird zu *ie*, wenn ein Konsonant vorausgeht (y-Regel, vgl. §174/3).
3. hero – heroes potato – potatoes negro – negroes tomato – tomatoes	3. Endet ein Wort auf *o*, so wird *es* angehängt.
4. calf – calves knife – knives leaf – leaves life – lives thief – thieves wife – wives	4. Substantive, die mit *f* oder *fe* enden, bilden den Plural mit *ves* [vz].

Ausnahmen

photo – photos; piano – pianos; studio – studios; roof – roofs; chief – chiefs

Der Plural zusammengesetzter Substantive (The Plural of Compound Nouns) 61

1. market-**places** apple-**trees** boy-**scouts** girl-**friends**	negro-**slaves** lady-**doctors** **sisters**-in-law **lookers**-on	1. Ist das Grundwort ein Substantiv, so erhält dieses das Plural-s.
2. grown-**ups** good-for-**nothings** forget-me-**nots**	pull-**overs** ten-year-**olds** round**abouts**	2. Ist kein substantivisches Grundwort vorhanden, so erhält das letzte Wort das Plural-s.

Unregelmäßige Pluralformen (Irregular Plural Forms) 62

man – men	foot – feet	mouse – mice	fish – fish
gentleman – gentlemen	tooth – teeth	child – children	sheep – sheep
woman – women	goose – geese	ox – oxen	

Substantive, die immer im Plural stehen (Nouns Used only in the Plural) 63

1. Men's **clothes are** on the first floor. Herrenkleidung gibt es im ersten Stock. **These stairs are** rather steep. Diese Treppe ist ziemlich steil. **Are your wages** better now than last year? Bekommst du jetzt höheren Lohn ...?	1. arms – Waffen belongings – Habe clothes – Kleidung goods – Ware stairs – Treppe wages – Lohn
2. Put your **pyjamas** on and go to bed. Zieh deinen Schlafanzug an ... Take your **trunks** and put **them** in the suitcase. Nimm deine Badehose ... Has anybody seen my **glasses?** I can't find **them.** Hat jemand meine Brille gesehen? Ich kann sie nicht finden. Where **are the scissors?** I need **them.** Wo ist die Schere? Ich brauche sie. This letter seems too heavy. Put it on the **scales.** Lege ihn auf die Waage!	2. einige Gegenstände, die aus zwei Teilen bestehen: pyjamas – Schlafanzug shorts – kurze Hose trousers – lange Hose trunks – Badehose glasses, spectacles – Brille scissors – Schere scales – Waage

Beachte

Will man vor die Substantive unter 2. den unbestimmten Artikel oder ein Zahlwort setzen, so muß man *pair of* gebrauchen:

a pair of trousers eine Hose   three pairs of pyjamas drei Schlafanzüge

Substantive, die immer im Singular stehen 64
(Nouns Used only in the Singular)

This **information** is very useful. Diese Auskünfte sind sehr nützlich. He has a good **knowledge** of the market. Er hat gute Marktkenntnisse. This is bad **news.** Das sind schlechte Nachrichten. The **furniture** was delivered yesterday. Die Möbel wurden gestern geliefert.	advice business information knowledge news progress furniture	Ratschlag, Ratschläge Geschäft, Geschäfte Auskunft, Auskünfte Kenntnis, Kenntnisse Nachricht, Nachrichten Fortschritt, Fortschritte Möbel

Beachte
Bei den Substantiven *advice, information, news* und *furniture* kann der unbestimmte Artikel nur in Verbindung mit *piece of* gebraucht werden:

He gave me **a good piece of advice.**	... einen guten Rat
You gave me **a good piece of information.**	... eine gute Auskunft
This is **an interesting piece of news.**	... eine interessante Nachricht
What **a fine piece of furniture!**	... ein schönes Möbelstück

Singular im Deutschen – Plural im Englischen 65
(German Singular – English Plural)

Im Gegensatz zum Deutschen stehen im Plural

1. Many people raised their **hands.** Viele Leute erhoben die Hand. Would you like to take your **coats** off? Möchtet ihr den Mantel ausziehen? Several passengers lost their **lives** in the accident. Mehrere Passagiere verloren das Leben.	1. Bezeichnungen für Körperteile und Kleidungsstücke sowie die Substantive *life, death* und *mind,* wenn sie sich auf einen Plural beziehen
2. **Half of the boys are** still in **their** classroom, **the rest have** gone home. Die Hälfte der Jungen ist noch im Klassenzimmer, der Rest ist nach Hause gegangen. **A group of students have** arrived. Eine Gruppe von Studenten ist angekommen.	2. Verben und Possessivpronomen nach half a dozen a group } + Plural the rest a number

Beachte
Nach *people, cattle* und *police* steht das Verb immer im Plural:

Many people were in the streets.	Viele Leute waren auf den Straßen.
The cattle were driven to the market.	Das Vieh wurde zum Markt getrieben.
Last Sunday **the police were** very busy.	... war die Polizei sehr beschäftigt.

Der s-Genitiv und der of-Genitiv

(The s-Genitive and the of-Genitive)

Bildung und Aussprache des s-Genitivs 66

(Forming and Pronunciation of the s-Genitive)

Um den s-Genitiv zu bilden, hängt man an das Substantiv

1. my father's car Mr Brown's brother	1. im Singular Apostroph + *s*
2. my parents' house the boys' room	2. im Plural nur Apostroph

Beachte. Endet ein Plural nicht auf *s*, so wird wie im Singular Apostroph + *s* angehängt: the children's clothes; the men's work; sheep's wool

Das Genitiv-s wird wie das Plural-s gesprochen:

1. my aunt's [ts] youngest daughter Jack's [ks] friends my wife's [fs] mother	1. stimmlos [s] nach stimmlosen Konsonanten (Angleichungsregel, vgl. §175/1)
2. David's [dz] school-report the Bartons' [nz] week-end house Barbara's [əz] brother	2. stimmhaft [z] nach stimmhaften Konsonanten und nach Vokalen (Angleichungsregel, vgl. §175/1)
3. Denis's ['denisiz] stamp collection Mr Jones's ['dʒounziz] holiday address the horse's ['hɔ:siz] tail	3. silbisch [iz] nach Zischlauten (Regel vom silbischen Auslaut, vgl. §175/2)

Gebrauch des s-Genitivs und des of-Genitivs 67

(Use of the s-Genitive and the of-Genitive)

1. a) I was staying with a **doctor's** family. **Everybody's** friend is **nobody's** friend. What is the **dog's** name? We found a **bird's** nest in the tree. b) We took a six **months'** English course. Have you read **today's** newspaper?	1. Der s-Genitiv steht a) bei Personen und Tieren b) häufig bei Zeitangaben
2. a) Who is the author **of this book?** I don't like the colour **of this dress.** b) a glass of water — ein Glas Wasser a pound of sugar — ein Pfund Zucker	2. Der of-Genitiv steht a) bei Sachen b) im Gegensatz zum Deutschen nach Mengenangaben

Beachte

1. Beim s-Genitiv kann das Bezugswort fehlen, damit Wiederholungen vermieden werden:
   Is this car your own or your **father's?**
2. In Verbindung mit *at* und *to* kann das Bezugswort *house* oder *shop* fehlen:
   I think Mother has gone **to the Bartons'.** (house)
   I met Mrs Miller **at the butcher's.** (shop)
   Let's have a cup of tea **at Lyons'.** (teashop)
3. Jane is **my sister's friend.** Jane ist die Freundin meiner Schwester.
   Jane is **a friend of my sister's.** (= one of my sister's friends)
   Jane ist eine Freundin meiner Schwester.

Das Geschlecht der Substantive (The Gender of Nouns) 68

Ob ein Substantiv ein männliches oder ein weibliches Lebewesen bezeichnet, geht im Englischen oft lediglich aus dem Zusammenhang hervor (z. B. bei *friend, teacher, neighbour, cousin, cat* etc.):
My **neighbour** said **she** knew you. – Have you seen **the cat**? You can give **him** this meat.

In einigen Fällen wird ein Unterschied gemacht durch

Personen		Tiere		
man boy king gentleman husband	– woman – girl – queen – lady – wife	cock bull, ox gander	– hen – cow goose	1. verschiedene Bezeichnungen für männliches und weibliches Geschlecht
boy-friend teacher male nurse doctor male worker	– girl-friend – lady teacher – nurse – lady doctor – female worker	he-bear male wolf turkey-cock tom-cat bull-elephant	– she-bear – female wolf – turkey-hen – she-cat – cow-elephant	2. Zusatzwörter
steward host waiter prince	– stewardess – hostess – waitress – princess	lion tiger	– lioness – tigress	3. die Endung *ess* für weibliche Lebewesen

Beachte

Als weibliche Substantive werden oft Bezeichnungen für Fahrzeuge und geographische Namen aufgefaßt:
I have had **this car** for ten years, and **she** is still perfect.
Britain has lost most of **her** colonies.

Der Artikel (The Article)

Der bestimmte Artikel (The Definite Article)

Der bestimmte Artikel hat im Englischen, im Gegensatz zum Deutschen, nur eine Form:

the farmer	the lady	the country	the pictures
der Bauer	die Dame	das Land	die Bilder

Aussprache (Pronunciation) 69

Die Aussprache des bestimmten Artikels ist

1. the chair [ðə tʃɛə] the car [ðə kɑ:] the white [ðə wait] elephant the union [ðə 'juniən] the European [ðə ˌjuərə'pi:ən] Market the one-way [ðə 'wʌnwei] street	1. [ðə] vor Wörtern, die mit einem Konsonanten oder einem konsonantisch anlautenden Vokal beginnen
2. the arm [ði ɑ:m] the elephant [ði 'elifənt] the old [ði ould] car the hour [ði 'auə] the honourable [ði 'ɔnərəbl] man	2. [ði] vor Wörtern, die mit einem Vokal oder einem stummen *h* beginnen
3. Brighton is the place ['ði: pleis] for a seaside holiday.	3. [ði:], wenn der bestimmte Artikel hervorgehoben werden soll

Gebrauch (Use)

Eigennamen (Proper Names) 70

1. **John Baker** is a farmer. I have just spoken to **Mary**. Will you call **Father** please? **Old Mrs Barton** seems to be ill. **Poor Mike** didn't know what to do.	1. Ohne bestimmten Artikel stehen Eigennamen im Singular (ebenso *Father, Mother* etc.), auch in Verbindung mit Adjektiven.
2. **The Millers** were here last night. **The Browns** are our best friends. Mother is at **the Hills'**.	2. Mit bestimmtem Artikel stehen Eigennamen im Plural.

Geographische Namen (Geographical Names) 71

1. Ireland; Germany; Europe Mount Everest; Loch Lomond Cape Horn; Hudson Bay Oxford Street; Hyde Park Corner Buckingham Palace; Windsor Castle Westminster Bridge St. Paul's Cathedral	1. Die meisten geographischen Namen und Namen von Straßen, Gebäuden, Brücken etc. werden ohne bestimmten Artikel gebraucht.
2. a) the USA; the Netherlands the West Indies; the Bermudas the Rocky Mountains; the Alps	2. Mit bestimmtem Artikel stehen a) geographische Namen im Plural
b) the River Thames; the Rhine the Atlantic Ocean the North Sea the English Channel	b) Namen von Flüssen und Meeren
c) **The London that Shakespeare knew** was much smaller than **the London of today.** Is that **the famous Westminster Bridge?**	c) geographische Namen und Namen von Straßen, Gebäuden, Brücken etc., wenn sie näher bestimmt werden

Zeitbezeichnungen (Expressions of Time) 72

1. **Summer** is the holiday season. I usually take my holidays in **July.** **Sunday** is a day of rest. He worked from **morning** to **night.** What time do you have **breakfast**? Have you already had **lunch**?	1. Jahreszeiten, Monate, Wochentage, Tageszeiten und Mahlzeiten stehen ohne bestimmten Artikel, wenn sie im allgemeinen Sinne gebraucht werden.
2. **That year the summer** was very dry. **The July of 1967** was quite hot. I shall never forget **the Sunday we spent in London together.** I like **the English breakfast.** **The lunch** which Mrs Jenkins had prepared for us was excellent.	2. Wenn sie näher bestimmt werden, stehen diese Bezeichnungen mit bestimmtem Artikel.

Beachte zu 1.
Tageszeiten in Verbindung mit den Präpositionen *in* und *during* stehen immer mit bestimmtem Artikel:
We arrived early **in the afternoon.** There was a storm **during the night.**

Stoff- und Gattungsnamen, Abstrakta 73
(Substances, Names of Species and Abstract Nouns)

1. a) **Water** is wet. My mother likes strong **coffee.** **Milk** is good for your health. b) **Dogs** are clever animals. I don't care what **people** think. **Men** are stronger than **women.** **Man** shall not live by bread alone. c) **Time** is money. **Life** is short and **art** is long.	1. Ohne bestimmten Artikel stehen a) Stoffnamen b) Gattungsnamen im Plural, aber auch *man* = der Mensch c) Abstrakta
2. **The water of the North Sea** was cold. Have you drunk **the milk that was left over?** **The women in our street** collected money for UNICEF. Who were **the people you spoke to** in the street? **The time I lived in Paris** was **the best time** of my life.	2. Mit bestimmtem Artikel stehen Stoffnamen, Gattungsnamen und Abstrakta, wenn sie näher bestimmt werden.

Redewendungen (Phrases) 74

1. Mit bestimmtem Artikel

it is the custom	es ist Sitte	in the beginning	am Anfang
with the exception of	mit Ausnahme von	in the end	am Ende
with the help of	mit Hilfe von	on the whole	im großen und ganzen

2. Mit nachgestelltem bestimmtem Artikel

all the way	der ganze Weg	double the size	doppelt so groß
both the gentlemen	beide Herren	twice the number	zweimal so viel
half the size	halb so groß		

3. Ohne Artikel

at table	bei Tisch	to go by car	mit dem Wagen fahren
to be at work	bei der Arbeit sein	to go by train	mit dem Zug fahren
to be in school	in der Schule sein	to go to church	in die Kirche gehen
to change colour	die Farbe wechseln	to go to school	in die Schule gehen
to come into fashion	Mode werden	to go to sea	Seemann werden
to learn by heart	auswendig lernen	to go to town	in die Stadt gehen, fahren
to shake hands with s.o.	jdm. die Hand geben	to go to work	zur Arbeit gehen

Der unbestimmte Artikel (The Indefinite Article)

Formen (Forms) 75

Der unbestimmte Artikel heißt

1. a chair [ə 'tʃɛə] a tea-pot [ə 'ti:pɔt] a house [ə 'haus] a useful [ə 'ju:sful] machine a European [ə ˌjuərə'pi:ən] country a one-way [ə 'wʌnwei] street	1. *a* vor Wörtern, die mit einem Konsonanten oder einem konsonantisch anlautenden Vokal beginnen
2. an arm-chair [ən 'ɑ:mtʃɛə] an English [ən 'iŋgliʃ] tea-pot an old [ən 'ould] house an hour [ən 'auə] an honourable [ən 'ɔnərəbl] man	2. *an* vor Wörtern, die mit einem Vokal oder einem stummen *h* beginnen

Gebrauch (Use) 76

Der unbestimmte Artikel steht

1. Christmas comes only once **a year.** ... nur einmal im Jahr The cloth was 35p **a yard.** ... pro Yard He sold the eggs at 20p **a dozen.** ... je Dutzend This coffee costs 40p **a pound.** ... das Pfund	1. in der Bedeutung ‚je', ‚pro' bei Zeit-, Maß- und Gewichtsangaben
2. Jim wants to become **a pilot.** Jim möchte Pilot werden. Mr Smith is **a doctor.** Mr Smith ist Arzt. My husband is **an Englishman.** Mein Mann ist Engländer. My brother has become **a Catholic.** Mein Bruder ist Katholik geworden.	2. im Gegensatz zum Deutschen bei Bezeichnungen für Beruf, Nationalität und Religion

Beachte zu 2.
Der unbestimmte Artikel steht nicht bei Berufsbezeichnungen und Titeln, die nur einer Person zukommen, z. B. *King, Queen, Prime Minister, President:*
Lincoln became **President of the United States** in 1860.

Redewendungen (Phrases) 77

1. Mit unbestimmtem Artikel

to be at an end	am Ende sein
to be at a loss	in Verlegenheit sein
to be in a hurry	in Eile sein
to have a cold	eine Erkältung haben
to have a headache	Kopfschmerzen haben
to have a temperature	Fieber haben
to have an opportunity	Gelegenheit haben
to speak in a low voice	mit leiser Stimme sprechen
to make a noise	Lärm machen
to take a seat	Platz nehmen

2. Mit nachgestelltem unbestimmtem Artikel

half a pound	ein halbes Pfund
quite a hard life	ein recht schweres Leben
such a small group	so eine kleine Gruppe
What a day!	Was für ein Tag!

Beachte

Der unbestimmte Artikel wird auch bei Adjektiven nachgestellt, die mit *as ... as, too, how* oder *however* verbunden sind:

She was **as good a tennis-player as** her sister.
It is **too long a story** to tell you.
You know **how bad a pupil** he is.
However tall a boy he is, he is not very strong.

Das Adjektiv und das Adverb (The Adjective and the Adverb)

Das Adjektiv (The Adjective)

Steigerung der Adjektive (Comparison of Adjectives) **78**

Steigerung auf -er und -est

Positiv *(Positive)*	Komparativ *(Comparative)*	Superlativ *(Superlative)*	
a) small klein	small**er** kleiner	small**est** am kleinsten	Auf *-er* und *-est* werden gesteigert a) alle einsilbigen Adjektive
big	bigg**er**	bigg**est**	
long	long**er**	long**est**	
young	young**er**	young**est**	
b) happy	happi**er**	happi**est**	b) die zweisilbigen Adjektive mit den Endungen *y, le, ow* und *er*
simple	simpl**er**	simpl**est**	
narrow	narrow**er**	narrow**est**	
clever	clever**er**	clever**est**	

Beachte

1. Das stumme *e* am Ende eines Adjektivs fällt weg (Regel vom stummen End-e, vgl. § 174/1): large – larg**er** – larg**est**; nice – nic**er** – nic**est**
2. Der Endkonsonant wird verdoppelt, wenn ein kurzer betonter Vokal vorausgeht (Verdoppelungsregel, vgl. § 174/2): big – bi**gger** – bi**ggest**; thin – thi**nner** – thi**nnest**
3. *y* wird zu *i*, wenn ein Konsonant vorausgeht (y-Regel, vgl. § 174/3): heavy – heav**ier** – heav**iest**; lazy – laz**ier** – laz**iest**
4. die Aussprache von
   long [lɔŋ] – longer [ˈlɔŋ**g**ə] – longest [ˈlɔŋ**g**ist]
   young [jʌŋ] – younger [ˈjʌŋ**g**ə] – youngest [ˈjʌŋ**g**ist]

Steigerung mit 'more' und 'most'

a) nervous	**more** nervous	**most** nervous	Mit *more* und *most* werden gesteigert a) zweisilbige Adjektive, die nicht auf *y, le, ow* oder *er* enden
famous	**more** famous	**most** famous	
careful	**more** careful	**most** careful	
modern	**more** modern	**most** modern	
splendid	**more** splendid	**most** splendid	
b) beautiful	**more** beautiful	**most** beautiful	b) alle Adjektive mit mehr als zwei Silben
exciting	**more** exciting	**most** exciting	
difficult	**more** difficult	**most** difficult	

Unregelmäßige Steigerung

good gut	**better**	**best**	little wenig	**less**	**least**
bad schlecht	**worse**	**worst**	much viel	**more**	**most**
little klein	**smaller**	**smallest**	many viele	**more**	**most**

Der Vergleich im Satz (The Comparison in the Sentence) 79

Jim's car is **as fast as** Bill's.	... (eben)so schnell wie ...
Jim's car is **not so fast as** Bill's. Jim's car is **not as fast as** Bill's.	... nicht so schnell wie ...
Bill's car is **faster than** Jim's.	... schneller als ...
Bill's car is **more expensive than** Jim's.	... teurer als ...
Bill's car is **the fastest.**	... das schnellste, ... am schnellsten
Bill's car is **the most expensive.**	... das teuerste, ... am teuersten

Beachte. Jim is **as good a driver as** Bill. Jim ist ein ebenso guter Fahrer wie Bill. (vgl. § 77)

Das Adjektiv als Substantiv (The Adjective Used as a Noun) 80

Das Adjektiv kann auch als Substantiv verwendet werden. Es erhält dann den bestimmten Artikel und bezeichnet

1. the rich the poor	die Reichen die Armen	the sick the dead	die Kranken die Toten	1. eine Gesamtheit von Personen (kein Plural-s!)
2. the good the true	das Gute das Wahre	the beautiful the impossible	das Schöne das Unmögliche	2. die Eigenschaft im allgemeinen Sinne

Beachte. Soll das Adjektiv einzelne Personen bezeichnen, muß es ein Substantiv zu sich nehmen: the sick woman die Kranke; a dead man ein Toter

Das Adjektiv mit Stützwort (The Adjective with Prop-word) 81

Which dress should I wear tonight? **The green one** or **the blue one?** Welches Kleid ...? Das grüne oder das blaue? These sun-glasses are all very expensive. Haven't you got **any cheaper ones?**	Um die Wiederholung eines Substantivs zu vermeiden, wird das Stützwort *one* (Plural *ones*) verwendet (vgl. auch § 109).

Beachte

Das Stützwort *one/ones* steht gewöhnlich nicht nach Komparativen und Superlativen, die mit dem bestimmten Artikel verbunden sind:

Which room would you rather have? **The smaller** or **the bigger?**

Of all English dramatists Shakespeare is **the most famous.**

Das Adverb (The Adverb)

Durch ein Adverb werden näher bestimmt

1. ein Verb: He **walked slowly** down the street.
2. ein Adjektiv: The weather was **extremely hot.**
3. ein anderes Adverb: Jim did his work **unusually well.**
4. ein ganzer Satz: **Fortunately** I could still catch the train.

Bildung der Adverbien (Formation of Adverbs) **82**

Es gibt ursprüngliche Adverbien, die keine besondere Endung haben, z. B. *soon, never, very, here* und von Adjektiven abgeleitete Adverbien.

Adjektiv	Adverb	
quick exact complete quiet surprising unexpected	quickly exactly completely quietly surprisingly unexpectedly	Abgeleitete Adverbien werden gebildet, indem man an das Adjektiv die Endung *-ly* anhängt.

Beachte

1. Dem Adjektiv *good* entspricht das Adverb *well:*
   This is **good** work. You did it very **well.**
2. *y* wird zu *i*, wenn ein Konsonant vorausgeht (y-Regel, vgl. § 174/3):
   happy – happily; lazy – lazily; easy – easily
3. *-le* fällt weg:
   simple – simply; terrible – terribly
4. Bei den Adjektiven *true, due* und *whole* fällt das *e* weg:
   truly, duly, wholly

Steigerung der Adverbien (Comparison of Adverbs) **83**

Steigerung auf -er und -est

Positiv *(Positive)*	Komparativ *(Comparative)*	Superlativ *(Superlative)*	
soon fast near hard long	soon**er** fast**er** near**er** hard**er** long**er**	soon**est** fast**est** near**est** hard**est** long**est**	Auf *-er* und *-est* werden alle einsilbigen Adverbien gesteigert.

Steigerung mit 'more' und 'most'

seldom often quickly carefully	**more** seldom **more** often **more** quickly **more** carefully	**most** seldom **most** often **most** quickly **most** carefully	Mit *more* und *most* werden alle mehrsilbigen Adverbien gesteigert, also auch alle abgeleiteten Adverbien auf *-ly*.

Unregelmäßige Steigerung

well gut	**better**	**best**	much viel		**more**	**most**
badly schlecht	**worse**	**worst**	far	weit	**farther**	**farthest**
little wenig	**less**	**least**			**further**	**furthest**

Beachte. Bei der Angabe von Entfernungen sind beide Steigerungsformen von *far* möglich:
I cannot walk any **farther.** Oder: I cannot walk any **further.**
Im übertragenen Sinne ist nur die Steigerung *further, furthest* möglich:
We can discuss this matter no **further.**

Stellung der Adverbien (Position of Adverbs)

Adverbien können am Anfang, in der Mitte oder am Ende eines Satzes stehen. Im Gegensatz zum Deutschen stehen sie selten zwischen Prädikat und direktem Objekt:

Er öffnete leise die Tür. — He quietly opened the door.

Wir spielen oft Fußball. — We often play football.

Adverbien der Art und Weise (Adverbs of Manner) 84

Subjekt	Hilfsverb	Adverb	Hilfsverb	Vollverb	Objekt	Adverb
1. They				waited		**patiently.**
It	has		been	raining		**heavily.**
2. a) Jane				opened	the parcel	**carefully.**
You	can			lose	your way	**easily.**
We	should		have	called	the doctor	**quickly.**
b) Jane		**carefully**		opened	the parcel.	
c) You	can	**easily**		lose	your way.	
We	should	**quickly**	have	called	the doctor.	

Adverbien der Art und Weise stehen
1. in Sätzen ohne Objekt meistens nach dem Vollverb
2. in Sätzen mit Objekt
a) nach dem Objekt oder
b) vor dem Vollverb bei einteiligem Prädikat
c) nach dem ersten Hilfsverb bei mehrteiligem Prädikat

Adverbien der unbestimmten Zeit (Adverbs of Indefinite Time) **85**

Subjekt	Hilfsverb	Adverb	Hilfsverb	Vollverb	Objekt
a) He		**never**		forgets	his wife's birthday.
Peter		**often**		misses	the bus.
b) Robert	has	**just**		left	the house.
The film	has	**already**	been	shown.	

Adverbien, die keinen bestimmten Zeitpunkt angeben, wie z. B. *always, often, never, just, already, sometimes* und *seldom* stehen gewöhnlich
a) vor dem Vollverb bei einteiligem Prädikat
b) nach dem ersten Hilfsverb bei mehrteiligem Prädikat

Adverbiale Bestimmungen des Ortes und der Zeit (Adverbial Phrases of Place and Time) **86**

Zeit	Subjekt	Prädikat	Objekt	Ort und Zeit
1.	The police	stopped	the thief	**in the street.**
	We	shall see	you	**tomorrow.**
2. **One day**	Mr Jones	had	a very good idea.	
At 5 p.m.	Mary	left	the office.	
3.	I	shall meet	my friend	**in London next week.**
	I	have to be		**in town by 9.30 a.m.**

1. Orts- und Zeitangaben stehen meistens am Satzende.
2. Zeitangaben können gelegentlich auch am Satzanfang stehen.
3. Treffen Orts- und Zeitangaben am Satzende zusammen, so steht Ort vor Zeit *(Place before Time).*

Besonderheiten beim Adverb (Special Forms of the Adverb) **87**

1. Adjektive auf -ly und Adverbien

Adjektiv	Adverb
a) She is a **friendly** girl.	a) She talks **in a friendly way.**
b) He took an **early** train.	b) He got up **early.**
Is this a **daily** newspaper?	Does this newspaper appear **daily**?

a) Adjektive auf *-ly* können kein Adverb bilden. Die fehlenden Adverbien werden umschrieben: in a friendly way; in a silly manner
b) *Early, daily, weekly, monthly, yearly* werden sowohl als Adjektive als auch als Adverbien verwendet.

2. Adjektiv und Adverb haben dieselbe Form

a) bei gleicher Bedeutung

Adjektiv	Adverb
My uncle has a **fast** car. ... ein schnelles Auto.	He drives very **fast.** Er fährt sehr schnell.
The train was very **long.** ... sehr lang.	We didn't stay **long.** ... nicht lange.
I want **half** a pound of coffee. ... ein halbes Pfund Kaffee.	The potatoes are only **half** cooked. ... nur halb gar.
I can't sing such **low** notes. ... solche tiefen Töne	The plane is flying **low.** ... fliegt tief.
Can you draw a **straight** line? ... eine gerade Linie zeichnen?	He cannot walk **straight** any more. ... gerade laufen.

b) bei verschiedener Bedeutung

Jack seems to be **ill.** Jack scheint krank zu sein.	Don't think **ill** of him. Denke nicht schlecht von ihm.
This is the **only** pair of shoes I have. ... das einzige Paar Schuhe ...	I have **only** one pair of shoes. Ich habe nur ein Paar Schuhe.
He is not quite **well** today. ... nicht ganz gesund.	You did very **well** in your test. ... sehr gut gemacht.

3. Adverb mit und ohne -ly

Meist liegt ein Unterschied in der Bedeutung vor.

Adverb ohne *-ly*		Adverb mit *-ly*	
to answer **right**	richtig antworten	He is **rightly** punished.	zu Recht
to go **wrong**	fehlgehen	He is **wrongly** punished.	zu Unrecht
to play **fair**	fair spielen	He plays **fairly** well.	ziemlich gut
to work **hard**	schwer arbeiten	He **hardly** works.	kaum
to fly **high**	hoch fliegen	He is **highly** paid.	gut bezahlt
to arrive **late**	spät ankommen	Have you seen him **lately**?	in letzter Zeit
to be **pretty** good	ziemlich gut sein	She dresses **prettily.**	hübsch
to stop **short**	plötzlich stehenbleiben	He arrived **shortly** afterwards.	kurz danach
to run **short**	knapp werden	He will come **shortly.**	in Kürze
to sell **dear**	teuer verkaufen	We loved him **dearly.**	herzlich

Beachte

Loud und *cheap* können ohne Bedeutungsunterschied mit und ohne *-ly* als Adverbien verwendet werden:

to speak loud / to speak loudly } laut sprechen

to buy cheap / to buy cheaply } billig kaufen

Englisches Verb statt deutschem Adverb (English Verb – German Adverb) 88

We must **continue to** work hard.	… müssen **weiterhin** …
He **is likely to** fail his examination.	… wird **wahrscheinlich** …
He **is sure to** win the prize.	… wird **bestimmt** …
Bob **seems to** be a good tennis player.	… ist **anscheinend** …
He **keeps on** talking about tennis.	… spricht **dauernd** …
His father **used to** be a good tennis player, too.	… war **früher** auch …
I **like** playing tennis. / I **love** playing tennis.	… spiele **gern** …
Bob **happened to** meet his tennis teacher in the café.	… traf **zufällig** …
I wonder if the weather will be fine tomorrow.	**Ob wohl** morgen …?
I hope we can go swimming.	**Hoffentlich** können wir …
I'm sorry I shan't have any time tomorrow.	**Leider** habe ich morgen …
I'm afraid I must go now.	**Leider** muß ich jetzt gehen.
I'm sure Stella will have time.	**Sicher** wird Stella …
She likes swimming very much, **you know.**	Sie schwimmt **nämlich** …

Deutsche Adverbien, im Englischen häufig unübersetzt 89
(German Adverbs, often not translated into English)

Einige Adverbien, die im Deutschen als Füllwörter gebraucht werden, werden im Englischen gar nicht oder in anderer Weise wiedergegeben.

Was machst du **denn** da?	What are you doing there?
Das ist **eigentlich** gar nicht so schlecht.	That's not so bad.
Das wird **wohl** das richtige sein.	This will be the right thing.
Wie hat er es **nur** fertiggebracht, diese Stelle zu bekommen?	How did he manage to get that job?
Wer kommt sonst **noch**?	Who else is coming?
Es regnete noch **immer**.	It was still raining.
Da bist du **ja** endlich!	There you are at last!
Du wirst **doch** kommen?	You will come, **won't you**?
Sie ist **eigentlich** ein ganz nettes Mädchen.	She is quite a nice girl **after all.**
Wie hat er **nur** meine Anschrift herausgefunden?	**How on earth** did he find out my address?

Zahlen und Zeitangaben (Numbers and Expressions of Time)

Grund- und Ordnungszahlen (Cardinal and Ordinal Numbers) **90**

Grundzahlen *(Cardinal Numbers)*		Ordnungszahlen *(Ordinal Numbers)*	
1	one [wʌn]	1st	the first [fə:st]
2	two [tu:]	2nd	the second ['sekənd]
3	three [θri:]	3rd	the third [θə:d]
4	four [fɔ:]	4th	the fourth [fɔ:θ]
5	five [faiv]	5th	the fifth [fifθ]
6	six [siks]	6th	the sixth [siksθ]
7	seven ['sevn]	7th	the seventh ['sevnθ]
8	eight [eit]	8th	the eighth [eitθ]
9	nine [nain]	9th	the ninth [nainθ]
10	ten [ten]	10th	the tenth [tenθ]
11	eleven [i'levn]	11th	the eleventh [i'levnθ]
12	twelve [twelv]	12th	the twelfth [twelfθ]
13	thirteen ['θə:'ti:n]	13th	the thirteenth ['θə:'ti:nθ]
14	fourteen ['fɔ:'ti:n]	14th	the fourteenth ['fɔ:'ti:nθ]
15	fifteen ['fif'ti:n]	15th	the fifteenth ['fif'ti:nθ]
16	sixteen ['siks'ti:n]	16th	the sixteenth ['siks'ti:nθ]
17	seventeen ['sevn'ti:n]	17th	the seventeenth ['sevn'ti:nθ]
18	eighteen ['ei'ti:n]	18th	the eighteenth ['ei'ti:nθ]
19	nineteen ['nain'ti:n]	19th	the nineteenth ['nain'ti:nθ]
20	twenty ['twenti]	20th	the twentieth ['twentiiθ]
21	twenty-one	21st	the twenty-first
30	thirty ['θə:ti]	30th	thirtieth ['θə:tiiθ]
40	forty ['fɔ:ti]	40th	the fortieth ['fɔ:tiiθ]
50	fifty ['fifti]	50th	the fiftieth ['fiftiiθ]
60	sixty ['siksti]	60th	the sixtieth ['sikstiiθ]
70	seventy ['sevnti]	70th	the seventieth ['sevntiiθ]
80	eighty ['eiti]	80th	the eightieth ['eitiiθ]
90	ninety ['nainti]	90th	the ninetieth ['naintiiθ]
100	a (one) hundred ['hʌndrəd]	100th	the hundredth ['hʌndrədθ]
210	two hundred and ten	210th	the two hundred and tenth
1,000	a (one) thousand ['θauzənd]	1,000th	the thousandth ['θauzəndθ]
4,859	four thousand eight hundred and fifty-nine	4,859th	the four thousand eight hundred and fifty-ninth
1,000,000	a (one) million ['miljən]	1,000,000th	the millionth ['miljənθ]
2,000,000	two million	2,000,000th	the two millionth

Besonderheiten bei Zahlen (Points to Note with Numbers) 91

1. Schreibung

a) **four** – **fou**rteen – **for**ty
five – fifth – fifteen – fifty
eight – eigh**t**een – eigh**t**y
nine – **nin**th – **nine**teen – **nine**ty
twel**ve** – twelfth
twent**ie**th – thirt**ie**th – fort**ie**th etc.

b) Nur Zehner und Einer werden durch Bindestrich verbunden: twenty-three; fifty-five

c) Von 1000 ab werden je drei Stellen von rechts durch Komma abgeteilt: 3,598,201

d) Nach einer Ordnungszahl steht nicht wie im Deutschen ein Punkt, sondern die beiden letzten Buchstaben des Wortes: first = 1st; second = 2nd; third = 3rd; fourth = 4th

e) Auch die römischen Ziffern nach Herrschernamen stehen ohne Punkt:
Henry VIII ['henri ði 'eitθ]; Elizabeth II [i'lizəbəθ ðə 'sekənd]

2. Aussprache

Die Zahlen 13 bis 19 sowie alle Zusammensetzungen von Zehnern und Einern (21; 55) haben, wenn sie allein stehen, zwei betonte Silben:
thirteen ['–'–]; twenty-one ['––'–]; fifty-five ['––'–]
Stehen sie aber vor einem Substantiv, so werden sie nur auf der ersten Silbe betont:
thirteen ['––] boys; twenty-one ['–––] students; fifty-five ['–––] years

3. Gebrauch

a) Zehner und Einer werden an Zahlen über 100 durch *and* angeschlossen:
two hundred and seven; three thousand and twelve; ten thousand one hundred and six

b) *Hundred, thousand* und *million* erhalten nur dann ein *s*, wenn sie als Substantive gebraucht werden:

three hundred children	aber:	hundreds of children
three thousand years		thousands of years
four million pounds		millions of pounds

c) Für die Ziffer 0 gibt es im Englischen verschiedene Bezeichnungen. Man sagt
nought [nɔ:t] für den Zahlenwert 0: Three minus three leaves nought.
zero ['ziərou] für den Nullpunkt einer Skala: The temperature is five below zero.
o [ou] in Fernsprechnummern: 622060 (six – double two – o – six – o)
nil [nil] für Sportergebnisse oder Statistiken: The game ended 2:0 (two nil).

Wiederholungszahlen und Zahlen der Reihenfolge (Multiplying and Enumerating Adverbs) 92

Wiederholungszahlen		Zahlen der Reihenfolge	
once	einmal	first, firstly	erstens
twice	zweimal	second, secondly	zweitens
three times	dreimal	third, thirdly	drittens
four times	viermal	fourth, in the fourth place	viertens
five times etc.	fünfmal	fifth, in the fifth place etc.	fünftens

Bruchzahlen (Fractions) 93

1. **Gemeine Brüche** (Vulgar Fractions)

$\frac{1}{2}$	a (one) half	$\frac{1}{2}$ mile	half a mile
$\frac{1}{3}$	a (one) third	$\frac{2}{3}$ mile	two thirds of a mile
$\frac{1}{4}$	a (one) quarter	$\frac{3}{4}$ mile	three quarters of a mile
$\frac{1}{5}$	a (one) fifth	$3\frac{3}{4}$ miles	three miles and three quarters (oder: three and three quarter miles)
$\frac{1}{25}$	a (one) twenty-fifth		
$\frac{3}{5}$	three fifths		
$\frac{5}{8}$	five eighths	$2\frac{1}{2}$ lbs.	two pounds and a half (oder: two and a half pounds)
$1\frac{3}{4}$	one and three quarters		
$6\frac{7}{12}$	six and seven twelfths		
$25\frac{9}{10}$	twenty-five and nine tenths		

2. **Dezimalbrüche** (Decimal Fractions)

englisch		deutsch
150·5	one hundred and fifty point five	150,5
56·05	fifty-six point nought five	56,05
7·008	seven point nought nought eight	7,008
·73	point seven three	0,73

Beachte

Vor dem Dezimalbruch steht im Englischen nicht wie im Deutschen ein Komma, sondern ein Punkt *(Decimal Point)*. Vor dem Dezimalpunkt bleibt 0 weg.

Längenmaße (Measures of Length) 94

Bezeichnung	Abkürzung	entspricht:	
inch [intʃ]	in., ins.		etwa 2,5 cm
foot [fut]	ft.	12 inches	etwa 30,5 cm
yard [jɑ:d]	yd., yds.	3 feet	etwa 91,5 cm
mile [mail]	m.	1,760 yards	etwa 1,6 km

Gewichte (Weights) 95

Bezeichnung	Abkürzung	entspricht:	
ounce [auns]	oz.		etwa 28 g
pound [paund]	lb., lbs.	16 ounces	etwa 454 g
hundredweight ['hʌndrədweit]	cwt.	112 pounds	etwa 51 kg
ton [tʌn]	tn.	2,240 pounds	etwa 1 016 kg

Hohlmaße (Measures of Capacity) **96**

Bezeichnung	Abkürzung	entspricht:	
pint [paint]	pt.		etwa 0,6 l
quart [kwɔ:t]	qt.	2 pints	etwa 1,1 l
gallon [ˈgælən]	gal.	4 quarts	etwa 4,5 l

Die Uhrzeit (The Time by the Clock) **97**

a quarter of an hour ¼ Stunde
half an hour ½ Stunde
three quarters of an hour ¾ Stunde
one hour and a half 1½ Stunde

Volle Stunde

10.00 ten o'clock; **at** ten o'clock

Erste halbe Stunde

10.05 five (minutes) **past** ten; ten five

10.15 a quarter **past** ten; ten fifteen

10.21 twenty-one minutes **past** ten; ten twenty-one

10.30 half **past** ten; ten thirty

Zweite halbe Stunde

10.40 twenty (minutes) **to** eleven; ten forty

10.45 a quarter **to** eleven; ten forty-five

10.58 two minutes **to** eleven; ten fifty-eight

Beachte

1. Um Verwechslungen zu vermeiden, werden die Stunden
   von 0 bis 12 Uhr durch *a.m.* [ˈeiˈem] (lateinisch *ante meridiem* = vor Mittag),
   von 12 bis 24 Uhr durch *p.m.* [ˈpiˈem] (lateinisch *post meridiem* = nach Mittag)
   gekennzeichnet:
   The train leaves at 9.05 a.m. — um 9.05 Uhr
   It arrives at 9.15 p.m. — um 21.15 Uhr
2. Im Flug- und Eisenbahnverkehr setzt sich immer mehr die 24-Stunden-Uhr durch:
   The plane takes off at 13.05. [ˈθəːtiːn ou ˈfaiv ˈauəz]
   It lands at 18.00. [ˈeitiːn ˈauəz]

Zeitangaben (Expressions of Time) 98

1. Tageszeiten (Times of Day)

in the morning	morgens, am Vormittag	at midnight	um Mitternacht
in the afternoon	nachmittags, am Nachmittag	at night	bei Nacht, nachts
in the evening	abends, am Abend	by night	bei Nacht, nachts
at noon	um 12 Uhr mittags	by day	bei Tage

2. Wochentage (Days of the Week)

Monday	Montag	on Monday	am Montag
Tuesday	Dienstag	on Tuesday	am Dienstag
Wednesday	Mittwoch	etc.	
Thursday	Donnerstag		
Friday	Freitag	on Mondays	montags
Saturday	Sonnabend	on Tuesdays	dienstags
Sunday	Sonntag	on weekdays	an Werktagen

3. Monatsnamen (The Months)

January	Januar	July	Juli
February	Februar	August	August
March	März	September	September
April	April	October	Oktober
May	Mai	November	November
June	Juni	December	Dezember

in January — im Januar
in February etc. — im Februar

4. Jahreszeiten (The Seasons)

spring	Frühling	in spring	im Frühling
summer	Sommer	in summer	im Sommer
autumn	Herbst	in autumn	im Herbst
winter	Winter	in winter	im Winter

5. Das Datum (The Date)

24th February 1968 24 February 1968	= the twenty-fourth of February, nineteen sixty-eight
February 24, 1968 February 24th, 1968	= February the twenty-fourth, nineteen sixty-eight
englisch: 24/2/1968	
amerikanisch: 2/24/1968	
31st December 1967 31 December 1967	= the thirty-first of December, nineteen sixty-seven
December 31, 1967 December 31st, 1967	= December the thirty-first, nineteen sixty-seven
englisch: 31/12/1967	
amerikanisch: 12/31/1967	
on the 24th February 1968	= on the twenty-fourth of February, nineteen sixty-eight
on February 24, 1968 on February 24th, 1968	= on February the twenty-fourth, nineteen sixty-eight
in 1066	= in ten sixty-six — im Jahre 1066
in 1968	= in nineteen sixty-eight — im Jahre 1968

6. Wendungen (Phrases)

in a week	in acht Tagen	a week ago	vor einer Woche
two weeks a fortnight	vierzehn Tage	a week ago yesterday	gestern vor einer Woche
		tomorrow week	morgen in einer Woche
three months	ein Vierteljahr	Wednesday week	am Mittwoch in einer Woche
six months	ein halbes Jahr	next Thursday	am nächsten Donnerstag
nine months	ein Dreivierteljahr	the day after tomorrow	übermorgen
eighteen months	eineinhalb Jahre	the day before yesterday	vorgestern

Die Pronomen (The Pronouns)

Das Personalpronomen (The Personal Pronoun)

Formen und Gebrauch (Forms and Use) 99

Subjektsfall *(Subject Case)*		Objektsfall *(Object Case)*	
I	we	me	us
you	you	you	you
he, she, it, one	they	him, her, it, one	them

He is in his office. Er ist in seinem Büro. Will you give **him** this letter please Gib **ihm** diesen Brief and ask **him** to ring me up? und bitte **ihn,** mich anzurufen.	Beim englischen Personalpronomen unterscheidet man einen Subjekts- und einen Objektsfall. Der Subjektsfall entspricht im Deutschen dem Nominativ, der Objektsfall dem Dativ oder Akkusativ.

Beachte

1. Nach *to be* steht gewöhnlich der Objektsfall des Personalpronomens:
   Who did that? – It wasn't **me.** Ich war es nicht. That's **us** in the photo. Das sind wir.
2. Bei der 3. Person Singular steht
   he für männliche Personen: Father said **he** would be back at ten o'clock.
   she für weibliche Personen: Mary was here. **She** wanted to see you.
   it für Sachen und Tiere: The door is open. Please shut **it.**
   The cat was half-dead when we found **it.**
   Bei Tieren, die man kennt, kann auch *he* oder *she* verwendet werden:
   Pussy was half-dead when we found **her.**

Das deutsche ‚man' (The German 'man') 100

Das deutsche ‚man' kann im Englischen wiedergegeben werden

1. **One** never knows. Man kann nie wissen. Can **you** see the Alps from here? Kann man … **They** didn't tell her the truth. Man sagte … **People** will laugh at you. Man wird dich auslachen.	1. durch one they you people
2. **English is spoken** all over the world. Überall auf der Welt spricht man Englisch. **He was shown** all the sights in the town. Man zeigte ihm alle Sehenswürdigkeiten …	2. durch das Passiv (vgl. §§ 22–26)

Das deutsche ‚es' (The German 'es') 101

1. a) Who is this man in the photo? – **He** is my father. Es ist mein Vater. And the lady who is with him? – **She**'s my aunt. Es ist meine Tante. And who are the two girls? – **They** are my sisters. Es sind meine Schwestern. b) Who is at the door? – **It**'s probably the postman. Es ist ... der Postbote. Who is upstairs? – **It**'s the children. Es sind die Kinder.	1. a) Für Personen, die bereits vorher erwähnt worden sind, steht im Englischen *he, she* oder *they*. b) Für Personen, die vorher noch nicht erwähnt worden sind, steht *it*.
2. **There is** no tea left. Es ist kein Tee mehr da. **There are** still people who can't read or write. Es gibt immer noch Leute, die ...	2. ‚Es ist/es gibt' wird im Englischen durch *there is/there are* wiedergegeben.
3. a) May I use your telephone? – Please **do so.** Tun Sie es! Do you think the weather is going to be fine? – **I hope so.** Ich hoffe es. It had been a wonderful day. **Everybody said so.** Jeder sagte es. I'm not sure if Robert will be here tonight but **I think so.** Ich glaube es. b) John has been here. – **So I heard.** Ich habe es gehört. I have broken one of the expensive new glasses. – **So I see.** Das sehe ich. c) Who else is going to be at the party? – **I don't know.** Ich weiß es nicht. Will you really stop smoking? – **I promise.** Ich verspreche es.	3. Um den Inhalt eines vorhergehenden Satzes wieder aufzunehmen, steht a) *so* nach dem Verb bei to believe, to say, to do, to suppose, to expect, to think, to hope b) *so* an der Satzspitze bei to hear, to notice, to see c) keine Entsprechung für das deutsche ‚es' bei to forget, to remember, to know, to try, to promise

Das Pronomen mit -self (The Pronoun with -self)

Formen und Gebrauch (Forms and Use) 102

myself	ourselves
yourself	yourselves
himself, herself, itself, oneself	themselves

Das Pronomen mit *-self* wird verwendet

1. **I** introduced **myself** to the other guests. Ich stellte mich den anderen Gästen vor. **You** should take better care of **yourself.** Du solltest besser auf dich achtgeben. **They** seemed to enjoy **themselves.** Sie schienen sich gut zu unterhalten. **One** shouldn't always think of **oneself.** Man sollte nicht immer an sich selbst denken.	1. als Reflexivpronomen, wenn Subjekt und Objekt dieselbe Person sind (dt. ‚mich', ‚dich', ‚sich' etc.)
2. I saw **the Queen herself.** Ich sah die Königin selbst. **I myself** saw the Queen. } Ich selbst sah … I saw the Queen **myself.** }	2. zur Hervorhebung eines Substantivs oder Pronomens (dt. ‚selbst'). In diesem Fall ist es stark betont.

Vergleiche

Mike introduced **him** (his friend). Mike stellte ihn vor.
Mike introduced **himself.** Mike stellte sich vor.
Mike **himself** introduced me. Mike selbst stellte mich vor.

Wiedergabe deutscher reflexiver Verben im Englischen 103

(English Equivalents of German Reflexive Verbs)

Mother worries about Jack.	**Mutter macht sich Sorgen** um Jack.
Hurry or you'll miss the train.	**Beeile dich,** sonst verpaßt du den Zug.
When **you have dressed** come downstairs.	Wenn **du dich angezogen** hast …
The children hid behind the house.	**Die Kinder versteckten sich** hinter …
I remembered what you told me.	**Ich erinnerte mich** an das, was …

Viele deutsche reflexive Verben werden im Englischen durch einfache Verben ohne Reflexivpronomen wiedergegeben:

to be afraid of	sich fürchten vor	to hurry	sich beeilen
to be angry	sich ärgern	to imagine	sich vorstellen
to be glad	sich freuen	to lie down	sich hinlegen
to be late	sich verspäten	to move	sich bewegen
to catch a cold	sich erkälten	to open	sich öffnen
to change	sich ändern	to rely on	sich verlassen auf
to differ from	sich unterscheiden von	to remember	sich erinnern an
to dress	sich anziehen	to shave	sich rasieren
to fancy	sich vorstellen	to sit down	sich setzen
to feel (well)	sich (wohl)fühlen	to turn round	sich umdrehen
to get ready	sich fertigmachen	to wash	sich waschen
to happen	sich ereignen	to wonder	sich fragen
to hide	sich verstecken	to worry	sich Sorgen machen

Beachte
To dress, to hide, to shave und *to wash* können auch mit einem Reflexivpronomen verwendet werden:
When **you have dressed yourself** come downstairs.
The children hid themselves behind the house.
You look dirty. Go and **wash yourself.**

Pronomen der Gegenseitigkeit (Reciprocal Pronouns)

Formen und Gebrauch (Forms and Use) 104

We have known **each other** for a long time.	Wir kennen **uns** schon lange.
The two men looked at **each other.**	Die beiden Männer sahen **sich** an.
They didn't recognize **each other.**	Sie erkannten **sich** nicht.
We helped **one another** with our luggage.	Wir halfen **uns** (gegenseitig) mit dem Gepäck.
Cats and dogs don't like **one another.**	Katzen und Hunde mögen **sich** nicht.

Zum Ausdruck der Gegenseitigkeit wird im Englischen *each other* oder *one another* verwendet. Im Deutschen steht meist das Reflexivpronomen.

Vergleiche
He saw **himself** in the mirror. Er sah sich (selbst) im Spiegel.
They saw **each other** for the first time. Sie sahen sich (einer den anderen) zum ersten Male.

Das Possessivpronomen (The Possessive Adjective and Pronoun)

Formen (Forms) 105

adjektivisch *(Possessive Adjective)*		substantivisch *(Possessive Pronoun)*	
my	our	mine	ours
your	your	yours	yours
his, her, its, one's	their	his, hers, its own, one's own	theirs

Das Possessivpronomen ist für Singular und Plural gleich. Es hat adjektivische und substantivische Formen.

adjektivisch:
Our house is bigger than **your house.** Unser Haus ist größer als euer Haus.

substantivisch:
Ours is bigger than **yours.** Unseres (das unsrige) ist größer als eueres (das eurige).

Gebrauch des adjektivischen Possessivpronomens 106
(Use of the Possessive Adjective)

1. **He** put **his hands** in **his pockets.** Er steckte die Hände in die Taschen. **Mr Smith** put on **his coat** and left. Mr Smith zog den Mantel an und ging. **Jane** has broken **her arm.** Jane hat sich den Arm gebrochen.	1. Im Englischen steht das Possessivpronomen bei Kleidungsstücken oder Körperteilen einer Person, wenn diese Subjekt des Satzes ist. Im Deutschen steht oft der bestimmte Artikel.
2. Five **passengers** lost **their lives** in the accident. Fünf Fahrgäste kamen bei dem Unfall ums Leben.	2. Dasselbe gilt für die Wörter *mind, life* und *death.*

Beachte

1. **I** was pulled by **my sleeve.** Aber: Someone pulled **me** by **the sleeve.**
   Handelt es sich jedoch um Kleidungsstücke oder Körperteile einer Person, die Objekt des Satzes ist, so steht auch im Englischen der bestimmte Artikel.
2. In folgenden Redewendungen steht immer das adjektivische Possessivpronomen:

it is my turn	ich bin an der Reihe	she lost her way	sie verirrte sich
I beg your pardon	Wie bitte? Verzeihung!	he made up his mind	er entschloß sich
he changed his mind	er entschied sich anders	with all my heart	von ganzem Herzen
I held my breath	ich hielt den Atem an	with all my strength	mit aller Kraft

Das adjektivische Possessivpronomen mit 'own' 107
(The Possessive Adjective with 'own')

1. a) Can't I do what I want in **my own** house? ... in meinem eigenen Haus I am glad we are back home. I am looking forward to sleeping in **my own** bed again. ... in meinem eigenen Bett b) Barbara makes **her own** dresses. ... ihre Kleider selbst I do **my own** shopping. Ich gehe selbst einkaufen.	1. Das mit *own* verstärkte Possessivpronomen steht a) im Sinne von ‚eigen' b) im Sinne von ‚selbst'
2. Have you **a room of your own?** ... ein eigenes Zimmer Most people would prefer to live in **a house of their own.** ... in einem eigenen Haus We have **three cars of our own.** ... drei eigene Wagen	2. *Own* darf nicht vor einem Substantiv mit unbestimmtem Artikel oder einem Zahlwort stehen. Es wird in der Form *of my own, of your own* etc. dem Substantiv nachgestellt.

Gebrauch des substantivischen Possessivpronomens 108
(Use of the Possessive Pronoun)

1. If your car is too small you can use **ours** (= our car). **Ours** is larger than **yours.** ... könnt ihr unseren nehmen. Unserer ist größer als euerer. May I take your sunglasses? I can't find **mine.** Ich kann meine nicht finden.	1. Das substantivische Possessivpronomen steht häufig anstelle eines Substantivs mit Pronomen.
2. Is Mr Roberts **a friend of yours** (= one of your friends)? Ist Mr Roberts ein Freund von dir? **An uncle of mine** is living in New Zealand. Ein Onkel von mir lebt in Neuseeland.	2. Es kann auch in Verbindung mit einem Substantiv stehen. In diesem Falle wird es dem Substantiv mit *of* nachgestellt.

Beachte

1. *to be* + substantivisches Possessivpronomen = gehören:
   Is this book **yours**? – No, it is not **mine.** Gehört dieses Buch dir? – Nein, es gehört mir nicht.
2. an uncle of mine = ein Onkel von mir; my uncle = mein Onkel

Das Demonstrativpronomen (The Demonstrative Pronoun)

Formen und Gebrauch (Forms and Use) 109

1. Do you know **this man** in front of us? Kennst du diesen Mann vor uns? **This** is Mrs Thompson speaking. Hier ist Mrs Thompson (am Apparat). Will you please post **these letters** for me? Wirfst du bitte diese Briefe für mich ein?	1. Do you know **that man** over there? Kennst du den Mann dort drüben? Is **that** Mrs Thompson speaking? Ist dort Mrs Thompson (am Apparat)? Didn't you post **those letters** I gave you? Hast du die Briefe, die ich dir gab, nicht eingeworfen?
2. Have you already seen Jane **this morning?** Hast du Jane heute morgen schon gesehen? I have had a lot to do **these last three weeks.** Ich hatte in den letzten drei Wochen viel zu tun.	2. Did you see Jane **that morning** you were in London? Hast du Jane an dem Morgen gesehen, als du in London warst? I had a lot to do during **those three weeks** in New York. Ich hatte während der drei Wochen in New York viel zu tun.

This (Singular) und *these* (Plural) werden verwendet
1. bei Personen und Sachen, die in unmittelbarer Nähe sind
2. bei Zeitangaben der Gegenwart

That (Singular) und *those* (Plural) werden verwendet
1. bei Personen und Sachen, die nicht in unmittelbarer Nähe sind
2. bei Zeitangaben der Vergangenheit

Beachte

1. Bei Gegenüberstellungen verwendet man abwechselnd *this* und *that, these* und *those:*
   I am holding two books. **This** is an English book and **that** is a German book.
   I have some coins here. **These** coins are English and **those** coins are American.
2. Bezieht sich ein Demonstrativpronomen auf ein Substantiv im Singular, so steht es mit dem Stützwort *one* (vgl. auch § 81):
   Which boy is older, **this one** or **that one?**
   Im Plural wird kein Stützwort gebraucht:
   Which eggs are cheaper, **these** or **those?**

Das Interrogativpronomen (The Interrogative Pronoun)

Formen und Gebrauch (Forms and Use) 110

	Personen	Sachen
Subjektsfall (= dt. Nominativ)	**Who** is that? Wer ist das?	**What** is that? Was ist das?
Possessivfall (= dt. Genitiv)	**Whose** car is this? Wessen Auto ist das?	
Objektsfall (= dt. Dativ oder Akkusativ)	**Whom** did you help? **Who** did you help? Wem hast du geholfen? **Whom** did you see? **Who** did you see? Wen hast du gesehen?	**What** did you see? Was hast du gesehen?
Präpositionalfall	**Who** are you speaking **of**? Von wem sprichst du?	**What** are you speaking **of**? Wovon sprichst du?

Beachte

Für den Objektsfall setzt sich in der Umgangssprache *who* anstelle von *whom* immer mehr durch.

what – which – what kind of 111

1. **What languages** do you speak? Was für Sprachen ...? **What countries** have you visited? Was für Länder ...? **What church** is this? – It's St. Mary's church. Was für eine Kirche ...?	1. *What* vor einem Substantiv steht im Sinne von ‚was für?', ‚was für ein?'.

2. **Which language** do you like better, English or French? Welche Sprache ...? In **which country** would you prefer to live, in England or in France? In welchem Land ...? **Which boy** brought the parcel, Tom or Peter? Welcher Junge ...?	2. *Which* fragt nach Personen und Sachen aus einer bestimmten Anzahl. (dt. ‚welcher?')
3. **What kind of man** is your neighbour? Was für ein Mann ...? **What kind of church** is this? – It's a Protestant church. Was für eine Kirche ...? **What kind of work** did you do while you were in the United States? Was für eine Arbeit ...?	3. *What kind of* fragt nach Eigenschaft oder Art von Personen und Sachen.

Redewendungen mit 'what'

What's the time?	Wie spät ist es?
What's the date?	Welches Datum ist heute?
What's your name?	Wie heißt du?
What's your age?	Wie alt bist du?
What colour are your eyes?	Welche Farbe haben deine Augen?
What's your room like?	Wie ist dein Zimmer?
What does your mother look like?	Wie sieht deine Mutter aus?
What's the matter?	Was ist los?
What day is it today?	Was für einen Tag haben wir heute?
What a beautiful day!	Was für ein schöner Tag!

Nachstellung der Präposition im Fragesatz 112

(End-position of the Preposition in Questions)

Where do you come **from?**	woher?	Im Fragesatz wird eine Präposition nachgestellt.
What are you looking **for**?	wonach?	
What do you want this knife **for**?	wofür?	
What are you laughing **at**?	worüber?	
What are you looking forward **to**?	worauf?	
Who are you speaking **to**?	mit wem?	

Beachte

Bei *where* im Sinne von ‚wohin' steht gelegentlich die Präposition *to:*
Where are you going? Oder: **Where** are you going **to**? Wohin gehst du?

Das Relativpronomen (The Relative Pronoun)

Formen und Gebrauch (Forms and Use) 113

	Personen	Sachen und Tiere
Subjektsfall (= dt. Nominativ)	Eskimoes are people **who** live in Northern Canada. ... Menschen, die ...	Kangaroos are animals **which** live in Australia. ... Tiere, die ...
Possessivfall (= dt. Genitiv)	This is Mrs Barton, **whose** daughter you met yesterday. ... Mrs Barton, deren Tochter ...	I stayed in a hotel, the name **of which** I have forgotten. ... in einem Hotel, dessen Namen ... We found a dog **whose** master had died. ... einen Hund, dessen Herr ...
Objektsfall (= dt. Dativ oder Akkusativ)	The boys **whom** we followed knew the way. Die Jungen, denen ... We saw people **whom** we had never seen before. ... Leute, die ...	The path **which** we followed ended up in a wood. Der Weg, dem ... We heard things **which** we had never heard before. ... Dinge, die ...
Präpositionalfall	This is my friend, **of whom** I was telling you. ... mein Freund, von dem ...	This is the book **of which** I was telling you. ... das Buch, von dem ...

Im Englischen unterscheidet man Relativpronomen, die sich auf Personen beziehen, und Relativpronomen, die sich auf Sachen und Tiere beziehen. Sie sind im Singular und Plural gleich.

Beachte

1. Auch für den Relativsatz gilt die Wortstellung Subjekt – Prädikat – Objekt.
2. Im Possessivfall wird bei Sachen *of which* verwendet und dem Substantiv, zu dem es gehört, nachgestellt. Bei Tieren steht *whose.*

Notwendige und ausmalende Relativsätze 114
(Defining and Non-defining Relative Clauses)

1. People **who drive too fast** should be punished. A ship **which has sunk** is called a wreck. A man **who has stolen something** is a thief. The lady **whom we have just passed** is my teacher.	1. Notwendige Relativsätze sind zum Verständnis des Hauptsatzes unentbehrlich. Sie werden beim Sprechen ohne Pause an den Hauptsatz angeschlossen und beim Schreiben nicht durch Kommas abgetrennt.

2. My brother Jack, has gone to Paris. **who is sixteen years old,** My new car, has to be repaired. **which I bought last week,**	2. Ausmalende Relativsätze sind ein Zusatz, der auch weggelassen werden könnte, ohne daß sich der Sinn des Hauptsatzes ändert. Beim Sprechen werden sie durch eine Pause, beim Schreiben durch Kommas vom Hauptsatz getrennt.

'that' als Relativpronomen ('that' as Relative Pronoun) 115

1. The children **that live far away** are brought to school by bus. A shop **that sells meat** is a butcher's shop. In National Parks animals **that attack people** are shot.	1. Im notwendigen Relativsatz wird sehr häufig *that* als Relativpronomen verwendet. Es gilt sowohl für Personen als auch für Sachen und Tiere.
2. a) **Every** bus **that** passed was full. Here is **something that** might interest you. Not **everything that** appears in the newspapers is necessarily true. b) It was **the most exciting** tennis match **that** had been played that year. Is this **the only** bus **that** goes to Stratford from here?	2. *That* steht fast immer nach a) much all something many every everything little any anything few no nothing b) Superlativen und sinnverwandten Wörtern wie the first the last the only (vgl. auch § 40)

Der notwendige Relativsatz mit und ohne Relativpronomen 116

(The Defining Relative Clause with and without a Relative Pronoun)

The oranges I bought were bad.	**The oranges that came** from Spain were especially good.
Did you find **the books you wanted?**	Where are **the books that were lying** on the table?
The policeman we met is my uncle.	**The policeman who is standing** at the corner is my uncle.
Who were **the people Jane was accompanying?**	Who were **the people that were accompanying Jane?**

Im notwendigen Relativsatz kann das Relativpronomen weggelassen werden, wenn es Objekt ist.

Es darf nicht weggelassen werden, wenn es Subjekt ist.

Nachstellung der Präposition im notwendigen Relativsatz 117
(End-position of the Preposition in the Defining Relative Clause)

The taxi **(that) you sent for** has arrived. The concert **(that) I went to** last night was excellent. Who was the gentleman **(that) you gave your address to?** What was the joke **(that) you were laughing at?**	Im notwendigen Relativsatz ohne Relativpronomen oder mit *that* wird die Präposition nachgestellt.

'which' als satzbezogenes Relativpronomen 118
('which' Referring to a Complete Sentence)

The lady made us a cup of tea, **which** was very kind of her. ..., was sehr nett von ihr war. Mrs Roberts is very fond of her grandchildren, **which** is only natural. ..., was nur natürlich ist. He said I was a fool, **which** made me very angry. ..., was mich sehr ärgerte. He worked in the same factory for 40 years, after **which** he retired. ... danach setzte er sich zur Ruhe.	In Relativsätzen, die sich nicht auf ein einzelnes Wort, sondern auf den gesamten Inhalt eines vorhergehenden Satzes beziehen, steht als Relativpronomen *which* (dt. oft ‚was').

'where' und 'when' als Relativpronomen 119
('where' and 'when' as Relative Pronouns)

Statt *at which, in which, on which* etc. steht

1. He visited the farm **where** he was born. ... die Farm, auf der ... Is this the hotel **where** you are staying? ... das Hotel, in dem ...	1. bei Ortsangaben *where*
2. Harvest is a time **when** everybody on a farm is extremely busy. ... eine Zeit, zu der ... Old people still remember the days **when** electric light did not exist. ... die Tage, in denen ...	2. bei Zeitangaben *when*

Die indefiniten Pronomen (The Indefinite Pronouns)

all 120

1. **All** are going home. Alle gehen nach Hause. **All's** well that ends well. Ende gut, alles gut.	1. *all* (alleinstehend) = alle, alles
2. The sky was **all grey.** ... ganz grau His answer was **all wrong.** ... ganz falsch	2. *all* + Adjektiv = ganz
3. He worked hard **all his life.** ... sein ganzes Leben It was raining **all the time.** ... die ganze Zeit	3. *all* + Singular = ganz
4. **All boys** like football. Alle Jungen ... **All men** must die. Alle Menschen ...	4. *all* + Plural = alle (die Gesamtheit)
5. **All the boys in our class** have bicycles. Alle Jungen in unserer Klasse ... **All the things in this cupboard** are mine. Alle Sachen in diesem Schrank ...	5. *all the* + Plural = alle (aus einer begrenzten Anzahl)

Redewendungen

all day	den ganzen Tag	all right	ganz richtig, in Ordnung
all the best	alles Gute!	above all	vor allem
all the year round	das ganze Jahr hindurch	after all	schließlich
all over the country	im ganzen Land	first of all	zuallererst
all at once	auf einmal	not at all	überhaupt nicht
all of us	wir alle	nothing at all	gar nichts

much – many 121

1. I haven't **much time.** ... nicht viel Zeit Do you read **much**? Liest du viel? **How much** will you pay? Wieviel willst du zahlen?	1. much = viel
2. I haven't **many friends.** ... nicht viele Freunde Did you see **many things**? ... viele Dinge (vieles) **How many people** were there? Wie viele Menschen ...?	2. many = viele

Beachte

1. *Much* und *many* haben dieselben Steigerungsformen: more – most
2. In bejahten Sätzen gebraucht man selten *much/many,* sondern fast immer *a lot of, lots of, plenty of, a great number of:*
   There is **a lot of work** to be done. ... viel Arbeit. We had **lots of fun.** ... viel Spaß
   There is **plenty of time** to go to the station. ... noch viel Zeit
   A great number of shops are closed on Wednesday afternoon. Viele Läden ...

little – a little – few – a few 122

1. I have **little time.** ... wenig Zeit Robert has **little money.** ... wenig Geld I still have **a little time.** ... ein wenig Zeit Robert has **a little money left.** ... ein wenig Geld	1. little = wenig a little = ein wenig
2. I have **few records.** ... wenige Schallplatten John has **few friends.** ... wenige Freunde Have you got any records of dance music? – Yes, I have **a few.** Ich habe ein paar. Only **a few friends** of mine will come. ... einige Freunde	2. few = wenige a few = einige, ein paar

Beachte. Steigerungsformen: little – less – least; few – fewer – fewest

'some' und 'any' und ihre Zusammensetzungen 123

('some' and 'any' and their Compounds)

Zusammensetzungen

somebody someone	jemand	anybody anyone	irgend jemand
something	etwas	anything	irgend etwas
somewhere	irgendwo(hin)	anywhere	irgendwo(hin)

He invited **some friends** to his party. ... ein paar Freunde	a) I haven't **any friends** in London. ... keine Freunde
Have **some more tea.** – Thank you, I've still got **some.** ... noch etwas Tee ... ich habe noch welchen	I don't want **any more tea,** thank you. ... keinen Tee mehr
There is **some coffee** left for you. Es ist noch Kaffee für dich da.	b) Is there **any coffee** left? Ist noch Kaffee da?
I remember having read this expression in **some book.** ... in irgendeinem Buch	Have you **any book** where you can look up this expression? ... irgendein Buch
I have to go to the customs, I have got **something to declare.** ... etwas zu verzollen	c) If you have **anything to declare** you must go to the customs. ... irgend etwas zu verzollen
There is **someone** on the telephone who wants to speak to you. ... jemand am Apparat	If **anyone** should phone tell him I will call back. Falls irgend jemand anruft, ...

Some und seine Zusammensetzungen stehen in bejahten Sätzen.

Any und seine Zusammensetzungen stehen
a) in verneinten Sätzen
b) in Fragen
c) in Bedingungssätzen

Beachte

1. *Some* und seine Zusammensetzungen werden auch in Fragen verwendet, wenn man eine bejahende Antwort erwartet:
   May I have **some more tea** please? – Yes, of course. ... noch etwas Tee
   Could **somebody** change this pound-note for me, please? Kann jemand ...?
   What's all this noise? Has **something** happened? Ist etwas geschehen?
2. *Any* und seine Zusammensetzungen stehen auch in bejahten Sätzen. Sie haben dann die Bedeutung ‚gleichgültig welcher', ‚jeder beliebige', ‚alle':
   How can I get to the station? – You can take **any bus.** ... jeden Bus
   That's not difficult. **Anybody** can do it. Das kann jeder.
   Where can I put my suitcases? – **Anywhere** you like. Irgendwohin, wohin du willst.

Vergleiche

He may come **any day.** (= Monday **or** Tuesday **or** Wednesday, etc.)
He may come **every day.** (= Monday **and** Tuesday **and** Wednesday, etc.)

'no' und seine Zusammensetzungen ('no' and its Compounds) 124

The beggar had **no money.** ... kein Geld There are **no more sandwiches.** ... keine Brote mehr	no = kein
Nobody arrived before 5 o'clock. Niemand kam ... **Nobody** said a word. Niemand sagte ... **No one** could answer the question. Keiner konnte ...	nobody, no one = niemand, keiner
What are you doing here? – **Nothing.** Nichts. **Nothing** is left to chance. Nichts wird ...	nothing = nichts
Jim is **nowhere** to be found. ... nirgends zu finden Where are you going? – **Nowhere.** Nirgendwohin.	nowhere = nirgends, nirgendwohin
None of the girls had ever been in England before. Keines der Mädchen ... I wanted to buy **a skirt,** but there was **none** that fitted. ... keiner, der paßte	none = keiner (nur mit Bezug auf ein Substantiv)

Beachte

no = not ... any
nobody = not ... anybody
no one = not ... anyone
nothing = not ... anything
nowhere = not ... anywhere
(vgl. § 123)

Redewendungen

in no time	im Nu
no doubt	zweifellos
no wonder	kein Wunder
by no means	keineswegs
no longer	nicht mehr
no sooner ... than ...	kaum ..., als ...
nothing but	nichts als
nothing else	sonst nichts
nothing at all	gar nichts
nothing more	nichts weiter
for nothing	umsonst
nothing of the kind	nichts dergleichen

Übersicht über einige indefinite Pronomen 125
(Summary of some Indefinite Pronouns)

Plural: Anzahl (zählbar)		**Singular: Menge (nicht zählbar)**	

Gesamtheit		**Gesamte Menge**	
all (the) apples	alle Äpfel	all the butter	die ganze Butter
Große Anzahl		**Große Menge**	
many apples	viele Äpfel	much butter	viel Butter
dafür meist:		dafür fast immer:	
a lot of apples		a lot of butter	
Kleine Anzahl		**Kleine Menge**	
few apples	wenige Äpfel	little butter	wenig Butter
a few apples	einige (ein paar) Äpfel	a little butter	ein wenig Butter
Unbestimmte Anzahl		**Unbestimmte Menge**	
some apples	einige (ein paar) Äpfel	some butter	etwas Butter
... any apples?	(irgendwelche) Äpfel?	... any butter?	(etwas) Butter?
Nicht vorhandene Anzahl		**Nicht vorhandene Menge**	
no apples not ... any apples	keine Äpfel	no butter not ... any butter	keine Butter

Beachte

Das Gegenteil von *many, more, most* ist *few, fewer, fewest:*
Have you **many friends?**
No, I only have **few friends.**
Das Gegenteil von *much, more, most* ist *little, less, least:*
Do you take **much sugar** in your tea?
No, I only take **little sugar.**

every – each 126

Zusammensetzungen

everybody everyone	jeder, alle	everything	alles	each one	jeder einzelne
		everywhere	überall		

1. **Every child** at the party was given a present. **Each child** at the party … Jedem Kind bei der Party … The doctor came **every day** to look after Mother. The doctor came **each day** … Der Arzt kam jeden Tag …	1. Vor einem Substantiv sind *every* und *each* fast immer austauschbar.
2. The teacher talked **to each of the parents.** … mit allen Eltern Give **each of the guests** a drink. … jedem der Gäste **Each of you** will probably pass the examination. Jeder von euch …	2. Vor *of* wird nur *each* verwendet.
3. These shirts cost £2 **each.** … kosten je £2 We had four cakes **each.** Wir aßen jeder …	3. Nachgestelltes *each* wird in der Bedeutung ‚je', ‚pro' verwendet.

either – neither 127

1. a) There are two roads. You can take **either.** … den einen oder den anderen I don't know which way he went. He may have gone in **either direction.** … in die eine oder in die andere Richtung b) There are shops on **either side** of the street. … auf beiden Seiten der Straße On **either bank** of the river big docks were built. … an beiden Ufern des Flusses …	1. either a) = der eine **oder** der andere von zweien, beide b) = der eine **und** der andere von zweien, beide
2. Do you play football or cricket? – **Neither.** Beides nicht. **Neither of the two girls** could swim. Keines der beiden Mädchen …	2. neither = keiner von beiden
3. If you don't want to go to the party **I shan't go either** and **neither will Robert.** … gehe ich auch nicht und auch Robert nicht	3. not … either / neither } = auch nicht
4. **Either** be quiet **or** go. Sei entweder still oder gehe!	4. either … or = entweder … oder
5. I have **neither** sisters **nor** brothers. … weder Schwestern noch Brüder	5. neither … nor = weder … noch

the two – both 128

1. **The two men** are talking to each other. Die zwei (die beiden) Männer sprechen miteinander. Which is the younger **of the two?** Welcher ist der jüngere von beiden?	1. the two = die zwei, die beiden
2. **Both gentlemen** are the same age. **Both the gentlemen** are the same age. Beide Herren sind gleich alt. **Both** were born in France. **Both of them** were born in France. Beide sind in Frankreich geboren.	2. both, both the, both of = beide, alle beide

Beachte. Vor *both* kann nie der bestimmte Artikel stehen.

Präpositionen (Prepositions)

Einige Präpositionen in ihrer Grundbedeutung (Some Prepositions in their Basic Meanings) 129

a) Präpositionen, die einen Ort bezeichnen (Wo?)

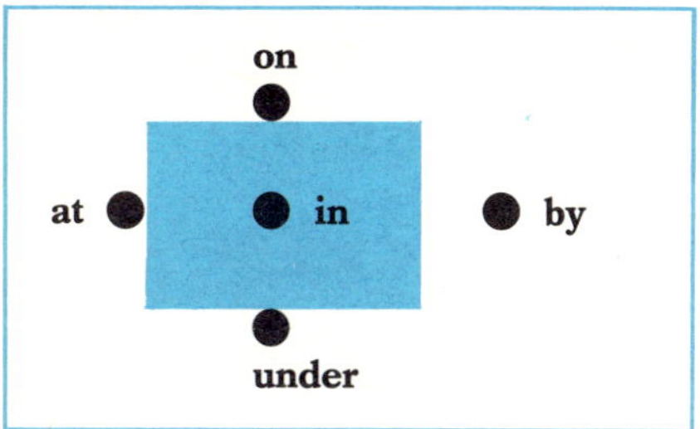

on	auf
at	an
in	in
under	unter
by	bei, nahe bei

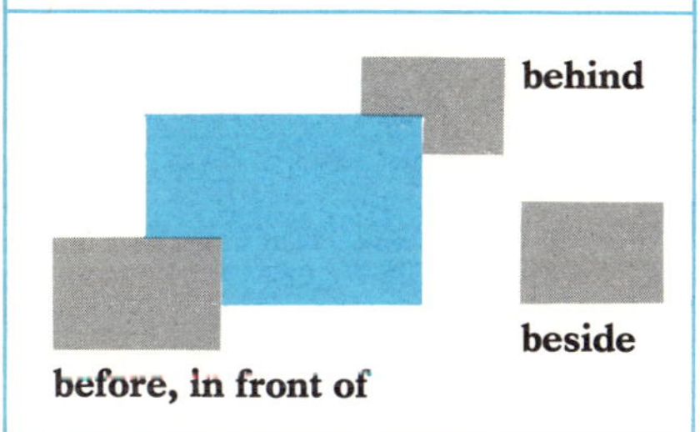

before in front of	vor
behind	hinter
beside	neben

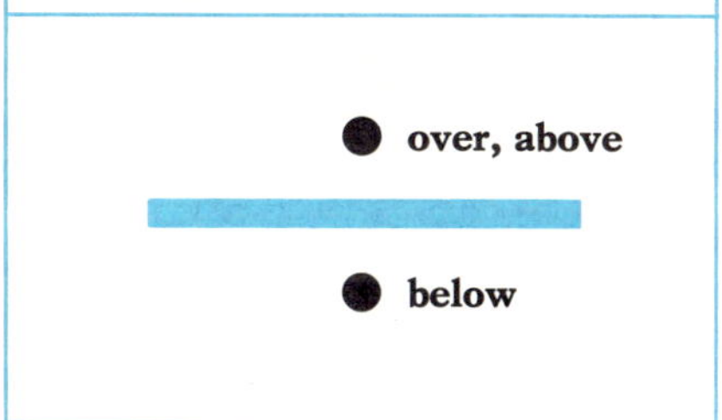

over	über
above	über, oberhalb von
below	unter, unterhalb von

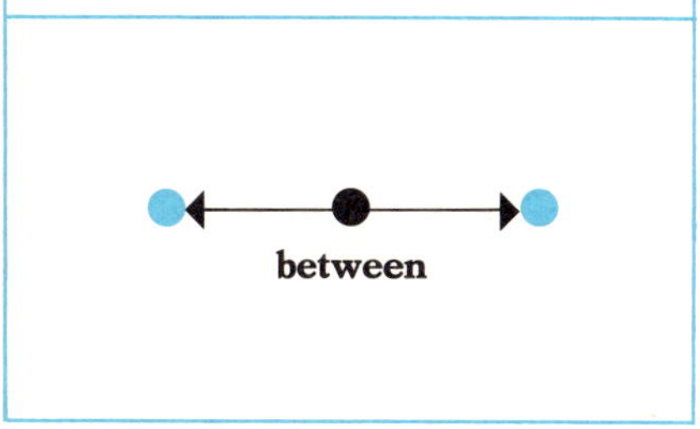

between	zwischen (zweien)

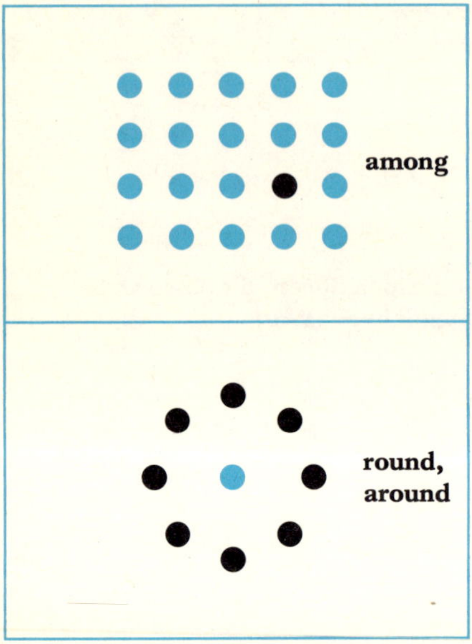

among zwischen (mehreren), unter

round } um ... herum
around }

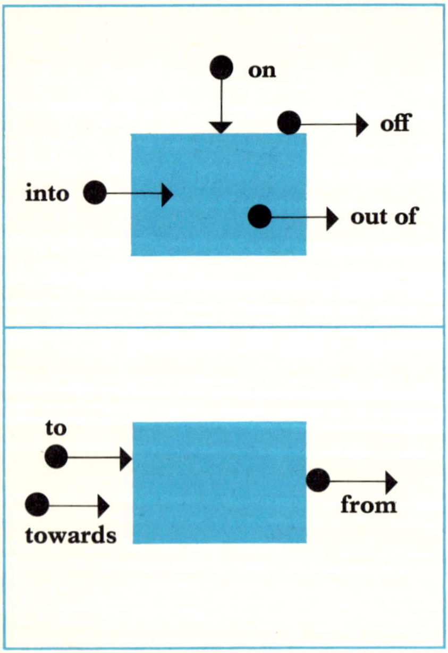

b) Präpositionen, die eine Richtung bezeichnen (Wohin? Woher?)

on	auf
off	von ... weg, von ... herunter
into	in ... hinein
out of	aus ... heraus

to	zu ... hin
towards	auf ... zu, gegen
from	von ... her

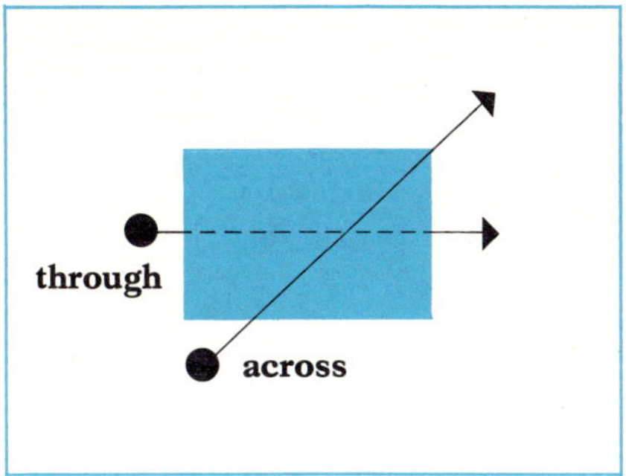

through	durch
across	(quer) über

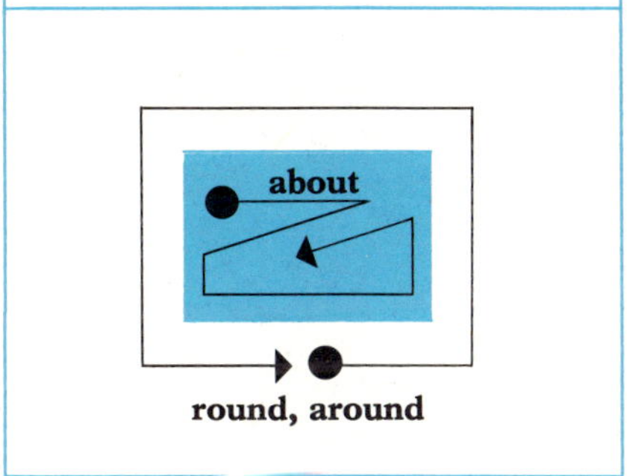

about	in ... umher
round } around }	um ... herum

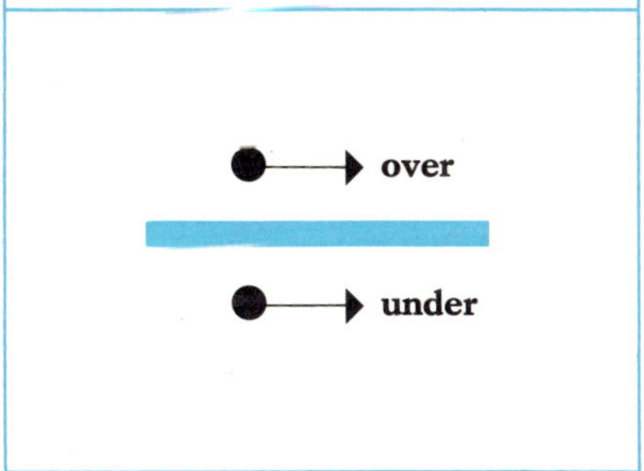

over	über
under	unter

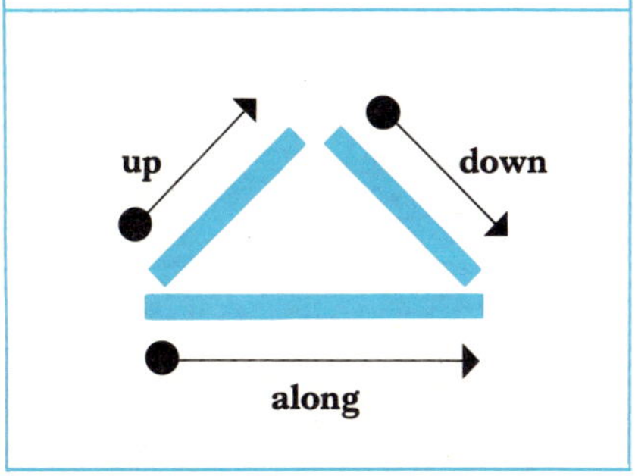

up	hinauf
down	hinab
along	entlang

c) Präpositionen, die eine Zeit bezeichnen (Wann? Wie lange?)

between eleven and twelve o'clock
zwischen elf und zwölf Uhr

at one o'clock um ein Uhr

after nine o'clock
nach neun Uhr

before nine o'clock
vor neun Uhr

since two o'clock
seit zwei Uhr

from seven **to (till, until)** eight o'clock
von sieben bis acht Uhr

for two hours seit zwei Stunden, zwei Stunden lang

on Wednesday	am Mittwoch
on December 25th	am 25. Dezember
in December	im Dezember
in winter	im Winter
in 1968	(im Jahre) 1968
at Christmas	zu Weihnachten

Der Gebrauch von Präpositionen (The Use of Prepositions)

Die meisten Präpositionen hatten ursprünglich örtliche oder zeitliche Bedeutung. Im Laufe der Zeit kamen aber noch andere, übertragene Bedeutungen hinzu.

about in ... umher, über **130**

The children are running **about** the garden. My glasses must be somewhere **about** the room.	im Garten umher irgendwo im Zimmer	örtlich
It must be **about** midnight. We'll be home **about** 6 o'clock.	gegen Mitternacht ungefähr um 6 Uhr	zeitlich
Stop talking **about** politics. They quarrelled **about** money. What **about** a cup of tea? I am not very happy **about** it.	über Politik des Geldes wegen Wie wär's mit einer Tasse Tee? Mir ist nicht ganz wohl dabei.	übertragen

above über, oberhalb von (vgl. auch *over* § 155) **131**

Do you see the birds **above** the houses? The Robinsons live in the flat **above** ours.	über den Häusern in der Wohnung über unserer	örtlich
Is the temperature **above** or below freezing point? He lived **above** his means. This is **above** me.	über oder unter dem Gefrierpunkt über seine Verhältnisse zu schwierig für mich	übertragen

Vergleiche

We are flying **above the Alps** now. Wir fliegen jetzt über (oberhalb von) den Alpen.
We are flying **over the Alps** now. Wir fliegen jetzt über die Alpen (hinweg).

across (quer) über (vgl. auch *over* § 155) **132**

The children ran carelessly **across** the road.	(quer) über die Straße
The plane flew **across** a desert.	(quer) über eine Wüste
There are many bridges **across** the Thames.	über die Themse
Did you come **across** Mr Green yesterday?	Haben Sie gestern Mr Green getroffen?

after nach **133**

Our house is the next house **after** the library. The policeman ran **after** the thief.	das nächste Haus nach hinter dem Dieb her	örtlich
I'll be home **after** 6 o'clock.	nach 6 Uhr	zeitlich
During the holidays our neighbours looked **after** our cat.	kümmerten sich um	übertragen

Vergleiche

The policeman ran **after** the thief. **hinter** dem Dieb **her**
The policeman stood **behind** the thief. **hinter** dem Dieb

against gegen (vgl. auch *towards* § 161) **134**

He stood the bicycle **against** the wall. She was leaning **against** the tree.	gegen die Wand gegen (an) den Baum	örtlich
Sir Francis Drake fought **against** the Spanish Armada. I did it **against** my will. I am **against** segregation.	gegen die Spanische Armada gegen meinen Willen gegen Rassentrennung	übertragen

along entlang **135**

We went **along** the main road. We sailed **along** the coast.	die Hauptstraße entlang die Küste entlang	örtlich
Will you take me **along**? Come **along.** How are you getting **along**?	Nimmst du mich mit? Komm mit! Wie geht es dir so?	übertragen

among zwischen (mehreren), unter (vgl. auch *between* § 144) **136**

Is Mr Roberts **among** the passengers?	unter den Reisenden
I couldn't find Father's letter **among** all these papers.	zwischen all den Papieren
Oh look, there is a snake **among** the stones.	zwischen den Steinen

Vergleiche
He divided the cherries **among his brothers and his sisters.**
He divided the cherries **between his brother and his sister.**

around, round um ... herum **137**

There is a fence **around (round)** the garden.	um den Garten herum
The children ran **around (round)** the house.	um das Haus herum
We tried to swim **around (round)** the little island.	um die kleine Insel herum

at an, bei, in, um, zu **138**

Where did you meet her?		örtlich
at the baker's	beim Bäcker	
at the library	in der Bücherei	
at the restaurant	im Restaurant	
at the post-office	auf dem Postamt	
at the station	am Bahnhof	
at my uncle's	bei meinem Onkel	
at a party	bei einer Party	
at home	zu Hause	
at the corner	an der Ecke	
at the seaside	an der See	
at Stratford	in Stratford	
at school	in der Schule	

When did you last see her? **at** Christmas **at** 10 o'clock **at** the weekend He came **at** the last moment. She married **at** the age of twenty. I was in London **at** the same time as you. I can't find the book **at** the moment. **At** first I found driving difficult, but I got used to it **at** last. The doctor came **at** once. Some people like to work **at** night and to sleep by day.	 zu Weihnachten um 10 Uhr am Wochenende im letzten Augenblick im Alter von zwanzig zur selben Zeit wie du im Augenblick zuerst schließlich sofort in der Nacht	zeitlich
The children are **at** play while their father is **at** work. Miss Winter is **at** lunch. Bob is good **at** English. Don't always drive **at** full speed. These books are sold **at** a low price. Don't look **at** me like that. They laughed **at** the jokes of the clown.	beim Spielen bei der Arbeit beim Mittagessen gut in Englisch mit Höchstgeschwindigkeit zu einem niedrigen Preis Sieh mich nicht so an! über die Späße	übertragen

Beachte
Bei kleineren Orten steht *at*, bei größeren *in:*
There is a very old church **at** Petersfield. There are many famous buildings **in** London.
Spielt aber der Ort im Leben des Sprechers eine besondere Rolle, so wird auch bei kleineren Orten *in* gebraucht:
I spent my childhood **in** Petersfield.

before vor **139**

Before me on the desk are lots of unanswered letters.	vor mir	örtlich
Father won't be home **before** two o'clock. She will be back **before** long.	vor zwei Uhr bald	zeitlich

Beachte
Statt *before* wird bei örtlicher Bedeutung oft *in front of* bevorzugt:
I stood **in front of** the door and waited. vor der Tür

Vergleiche
He arrived **before two o'clock.** vor zwei Uhr
He arrived **two hours ago.** vor zwei Stunden

behind hinter **140**

Behind the hospital was a large park. We walked to the castle **behind** the guide.	hinter dem Krankenhaus hinter dem Fremdenführer	örtlich
The bus was twenty minutes **behind** time. He is completely **behind** the times.	hatte zwanzig Minuten Verspätung völlig rückständig	zeitlich

Vergleiche
The policeman stood **behind** the thief. **hinter** dem Dieb
The policeman ran **after** the thief. **hinter** dem Dieb **her**

below unter, unterhalb von (vgl. auch *under* § 162) **141**

From the plane we saw the ocean far **below** us. Write your name above and your address **below** this line. The Dead Sea lies **below** sea level.	tief unter uns unter die Linie unter dem Meeresspiegel	örtlich
I think it is about 10 degrees **below** zero. He had to sell the house far **below** the price he paid for it. His knowledge is **below** average.	etwa 10 Grad unter Null weit unter dem Preis unter dem Durchschnitt	übertragen

beside neben **142**

There is a big oak-tree **beside** our house.	neben unserem Haus
Our dog always sleeps **beside** my bed.	neben meinem Bett
Come and sit down **beside** me.	neben mich

besides außer **143**

There were thirteen people at the party **besides** Mr Harris.	außer Mr Harris (d. h. Mr Harris und dreizehn andere)
Besides her work in the office Mrs Brown has to do a lot of housework.	neben ihrer Büroarbeit

Beachte
Während *besides* die betreffenden Personen oder Dinge einschließt, schließt *except* sie aus:
All the girls of my class were invited to the party **except** Jane. außer Jane

between zwischen (zweien) (vgl. auch *among* § 136) **144**

There is a small wood **between** the two villages.	zwischen den beiden Dörfern	örtlich
He'll arrive **between** 10 and 10.30. Our firm will be closed **between** Christmas and New Year's Day.	zwischen 10 und 10.30 Uhr zwischen Weihnachten und Neujahr	zeitlich
There were many quarrels **between** the English and the Scots in earlier times. **Between** you and me, I don't think John will pass his examination.	zwischen den Engländern und den Schotten unter uns gesagt	übertragen

Vergleiche
He divided the cherries **between his brother and his sister.**
He divided the cherries **among his brothers and his sisters.**

by an, bei, neben, mit, durch **145**

Our holiday bungalow stood **by** a lovely lake. Let's sit **by** the fire. Come and sit down **by** me.	(direkt) an einem schönen See am Kamin neben mich	örtlich
I shall have finished my work **by** May. I'll be back **by** five o'clock. Some people like to work **by** night and to sleep **by** day.	bis spätestens Mai bis spätestens fünf Uhr nachts tagsüber	zeitlich
Do you go to Birmingham **by** car? I came to London **by** air. The goods were sent **by** sea. I don't know a single poem **by** heart. He got the job **by** chance. Yes, I know Mr Watson **by** sight. 'Hamlet' was written **by** Shakespeare. The cinema was destroyed **by** fire.	mit dem Wagen mit dem Flugzeug auf dem Seeweg auswendig zufällig vom Sehen von Shakespeare durch Feuer	übertragen

down hinunter, herunter **146**

The cars were racing **down** the hill. He quickly ran **down** the stairs. The boat went **down** the Thames. He is walking up and **down** the room.	den Hügel hinunter die Treppe hinab (hinunter) die Themse hinunter im Zimmer auf und ab

for nach, seit, für **147**

We took the train **for** Richmond. Trains **for** Cornwall leave from Paddington Station. We had to walk **for** two miles in the rain.	nach Richmond nach Cornwall zwei Meilen (weit)	örtlich
I lived in Scotland **for** six years. She has been playing the piano **for** two hours. I have been waiting here **for** ages.	sechs Jahre lang seit zwei Stunden schon ewig lange	zeitlich
Here is a parcel **for** Mrs Smith. What is there **for** supper? Switzerland is famous **for** good watches. May I ask **for** your help? How much did you pay **for** this dress? Shall we go **for** a walk? Let's hope **for** better weather. Thanks **for** the book. He is tall **for** his age. **For** heaven's sake!	für Mrs Smith zum Abendessen für gute Uhren um deine Hilfe für das Kleid einen Spaziergang machen auf besseres Wetter Danke für das Buch. für sein Alter Um Himmels willen!	übertragen

Beachte
For wird zur Angabe eines Zeitraumes gebraucht, *since* zur Angabe eines Zeitpunktes:
I haven't seen Peter **for two months.** seit zwei Monaten; zwei Monate lang
I haven't seen Peter **since Monday.** seit Montag

from von (vgl. auch *of* § 151) **148**

This train comes **from** Bristol and that one **from** Norwich. When does Mr Jones come home **from** work? The Channel separates England **from** France.	von (aus) Bristol von (aus) Norwich von der Arbeit von Frankreich	örtlich
She worked **from** morning to night. I was waiting **from** 10.30 until 11 o'clock. We see each other **from** time to time.	von morgens bis abends von 10.30 Uhr bis 11 Uhr von Zeit zu Zeit	zeitlich
Here is a letter **from** Jane. My sister is very different **from** me. Who are you hiding **from**?	von Jane ganz anders als ich Vor wem versteckst du dich?	übertragen

Beachte
From wird gelegentlich in Verbindung mit anderen Präpositionen gebraucht:
A dog came **from under** the table. unter dem Tisch hervor
The child came **from behind** the tree. hinter dem Baum hervor

in in, an, auf **149**

Where is Father? – **In** the garden. Our TV is **in** the living-room. I was born **in** Dover, but live **in** London now. My grandparents live **in** the country. They are working **in** the fields. It is dangerous to play **in** the street. There was not a single cloud **in** the sky.	Wo? – im Garten im Wohnzimmer in Dover ... in London auf dem Lande auf den Feldern auf der Straße am Himmel	örtlich
I like a walk **in** the morning (**in** the afternoon, **in** the evening). I won't go on holiday **in** summer but **in** winter. I'll go to London **in** March. He left school **in** 1960. **In** the beginning he found the work hard, but he got used to it **in** the end. We got to the station **in** time.	morgens (nachmittags, abends) im Sommer ... im Winter im März im Jahre 1960 am Anfang am Ende, schließlich rechtzeitig	zeitlich (vgl. auch § 98)
Did you take part **in** the meeting? Many people are interested **in** music. What does 'Schallplatte' mean **in** English?	an der Versammlung an Musik auf Englisch	übertragen

Beachte
Bei kleineren Orten steht *at*, bei größeren *in:*
There is a very old church **at** Petersfield. There are many famous buildings **in** London.
Spielt aber der Ort im Leben des Sprechers eine besondere Rolle, so wird auch bei kleineren Orten *in* gebraucht:
I spent my childhood **in** Petersfield.

into in ... hinein **150**

Where are you going? – **Into** the garden. He fell **into** the water.	Wohin? – in den Garten (hinein) ins Wasser	örtlich
You shouldn't work so far **into** the night. We stayed in Scotland far **into** the autumn.	bis spät in die Nacht hinein bis weit in den Herbst hinein	zeitlich
She got **into** difficulties with her homework and burst **into** tears. Can you translate this sentence **into** German?	in Schwierigkeiten und brach in Tränen aus ins Deutsche	übertragen

Beachte
Bei einigen häufig gebrauchten Verben steht in statt *into:*
Put the ticket **in** your pocket. **Look in** the mirror.

of von (vgl. auch *from* § 148) **151**

This bridge is made **of** wood.	aus Holz
Of all games I like tennis best.	von allen Sportarten
He was proud **of** his school report.	stolz auf sein Zeugnis
I am ashamed **of** you.	Ich schäme mich für dich.
Don't be afraid **of** this dog, he won't bite.	Angst vor dem Hund
Thousands of people died **of** hunger.	vor Hunger
We are living south **of** Manchester.	südlich von Manchester

off von ... weg, von ... herunter **152**

Take the vase **off** the table.	vom Tisch
The rider fell **off** his horse.	vom Pferd
A button has come **off** my coat.	von meinem Mantel
Keep **off** the grass.	Betreten des Rasens verboten.
The island is three miles **off** the coast.	drei Meilen von der Küste entfernt
This is **off** the point.	Das gehört nicht zur Sache.

on auf, an **153**

The maps are lying **on** the desk.	auf dem Schreibtisch	örtlich
Why are you sitting **on** the floor?	auf dem Boden	
There is usually less rain **on** the Continent than in the British Isles.	auf dem Festland ... auf den Britischen Inseln	
You should hang more pictures **on** the walls of your living-room.	an die Wände	
He put a ring **on** her finger.	an ihren Finger	
Is there a dining-car **on** this train?	Hat der Zug einen Speisewagen?	
I'm afraid you are **on** the wrong bus.	im falschen Bus	
There is no Mr Watson **on** board.	an Bord	
I have no money **on** me.	bei mir	
There are trees **on** the right and **on** the left of the road.	rechts und links der Straße	
When are you leaving?		zeitlich (vgl. auch § 98)
on Tuesday	am Dienstag	
on the 12th of September	am 12. September	
on the morning of May 5th	am Morgen des 5. Mai	
I'll ring you up **on** my arrival.	wenn ich ankomme	
On our return we found a telegram.	bei unserer Rückkehr	
We arrived **on** time.	pünktlich	

to nach, zu, bis **160**

I'm going **to** Oxford tomorrow. Are you going **to** the seaside in your holidays or **to** the mountains? How far is it **to** the station? **To** the north of the village is a lake and **to** the south a small wood.	nach Oxford an die See in die Berge bis zum Bahnhof im Norden im Süden	örtlich
She worked from morning **to** night. On Fridays we have lessons from 9 a.m. **to** 1 p.m. It's a quarter **to** eight now.	von morgens bis abends von ... bis Viertel vor acht	zeitlich
The child can already count **to** ten. The book was very good. I enjoyed it from the beginning **to** the end. Don't be cruel **to** animals. This coat belongs **to** me.	bis zehn zählen vom Anfang bis zum Ende zu Tieren, Tieren gegenüber Dieser Mantel gehört mir.	übertragen

Vergleiche
Go **to your room.** Geh in dein Zimmer!
She is going **into her room.** Sie geht in ihr Zimmer hinein.

towards auf ... zu, gegen (vgl. auch *against* § 134) **161**

They drove **towards** London. I saw the man coming **towards** me.	in Richtung London auf mich zukommen	örtlich
He arrived **towards** the evening. **Towards** the end of our excursion I grew tired.	gegen Abend gegen Ende	zeitlich
She behaved badly **towards** her mother. Mrs Jones was always kind **towards** me.	ihrer Mutter gegenüber mir gegenüber	übertragen

under unter (vgl. auch *among* § 136 und *below* § 141) **162**

The kitchen is **under** the bathroom. There's a mouse **under** the bed. How long can you swim **under** water?	unter dem Badezimmer unter dem Bett unter Wasser	örtlich
People **under** 21 may not vote. They are still **under** age.	unter 21 minderjährig	zeitlich
India was **under** British rule up to 1947. **Under** these circumstances I can't come.	unter britischer Herrschaft unter diesen Umständen	übertragen

up hinauf **163**

We climbed **up** the hill in half an hour. We went **up** the steps to the castle.	den Berg hinauf die Treppe hinauf	örtlich
Nobody has complained **up to** now.	bis jetzt	zeitlich

with mit, bei **164**

Don't play **with** the knife.	mit dem Messer
I read the report **with** great interest.	mit großem Interesse
Her parents are dead, so she lives **with** her aunt.	bei ihrer Tante
Have you got your bicycle **with** you?	bei dir
Can I leave the parcel **with** you for an hour?	bei Ihnen
Would you like some cake **with** your tea?	zu deinem Tee
She was stiff **with** cold.	vor Kälte
Jack was trembling **with** fear.	vor Angst
Don't be too strict **with** John, even if you are	streng zu John
angry **with** him.	wenn du dich über ihn ärgerst
It was pouring **with** rain.	Es goß in Strömen.
I agree **with** you.	Ich bin Ihrer Meinung.
The fish didn't agree **with** me.	Der Fisch ist mir nicht bekommen.

Die Wortstellung (The Word Order)

Die regelmäßige Wortstellung im Aussagesatz (The Regular Word Order in Statements) 165

	Subjekt *(Subject)*	Prädikat *(Predicate)* Hilfsverben	Vollverb	Objekt *(Object)*
	Many people		speak	English.
	Jane	has been	playing	the piano.
This time	my brother	has	passed	the examination.
When	we		bought	this car
	it		had	red seats.

Für die meisten englischen Aussagesätze gilt die regelmäßige Wortstellung Subjekt – Prädikat – Objekt (S-P-O).

Umstellung von Subjekt und Prädikat (Inversion of Subject and Predicate) 166

	Hilfsverb	Subjekt	Hilfsverb	Vollverb	Objekt
1.	Do	you		speak	English?
	Has	Jane	been	playing	the piano?
When	will	you	have	finished	your work?
2. Rarely	have	we		seen	a better performance.
Never	have	I	been	told	anything so funny.
Seldom	do	I		find	time for reading.
3.		I	didn't	know	the way.
Neither	did	my friend.			

Von der regelmäßigen Wortstellung des Aussagesatzes abweichend steht das Subjekt nach dem ersten Hilfsverb

1. in Fragesätzen (vgl. § 4)
2. in Sätzen, die mit den Adverbien *hardly, scarcely, rarely, seldom, never, in vain, no sooner ... than* beginnen. Ist kein Hilfsverb vorhanden, so wird eine entsprechende Form von *to do* verwendet.
3. in Kurzsätzen, die mit *so, nor, neither* eingeleitet werden (vgl. § 20)

Stellung des direkten und indirekten Objekts s. § 57
Stellung der Adverbien s. §§ 84–86

Anhang (Appendix)

Die Wortbildung (The Word Formation)

Im Englischen kann ein Wort häufig verschiedenen Wortarten angehören oder durch geringfügige Änderungen, z. B. durch Anhängen von Vor- und Nachsilben, zu einem neuen Wort umgebildet werden, was hier an einigen Beispielen gezeigt werden soll.

Wortartwechsel (Conversion) **167**

Eine Reihe von Wörtern können sein

1. the help – to help; the smile – to smile the face – to face; the walk – to walk the ímport – to impórt; the récord – to recórd the rébel – to rebél; the prótest – to protést	1. sowohl Substantiv wie Verb. In einigen Fällen tritt dabei Akzentwechsel auf.
2. cold – the cold; open – the open secret – the secret; sweet – the sweet native – the native; patient – the patient	2. sowohl Adjektiv wie Substantiv
3. dry – to dry; free – to free slow – to slow down; warm – to warm clean – to clean; cool – to cool	3. sowohl Adjektiv wie Verb

Bildung von Substantiven (Formation of Nouns) **168**

1. fortune – misfortune; trust – mistrust understanding – misunderstanding order – disorder; honesty – dishonesty	1. durch Vorsilben: mis- dis-
2. to teach – teacher; to bake – baker to travel – traveller; to drive – driver to sail – sailor; to act – actor to begin – beginning; to build – building to act – action; to translate – translation to govern – government; to settle – settlement king – kingdom; free – freedom friend – friendship; member – membership true – truth; warm – warmth	2. durch Nachsilben: -er -or -ing -ion -ment -dom -ship -th

Bildung von Adjektiven (Formation of Adjectives) **169**

1. happy – unhappy; important – unimportant fair – unfair; natural – unnatural correct – incorrect; dependent – independent polite – impolite; possible – impossible	1. durch Vorsilben: un- in- im-
2. to eat – eatable; to break – breakable to understand – understandable wood – wooden; wool – woollen hope – hopeful; joy – joyful child – childish; self – selfish hope – hopeless; fear – fearless day – daily; friend – friendly fame – famous; danger – dangerous rain – rainy; dirt – dirty	2. durch Nachsilben: -able -en -ful -ish -less -ly -ous -y

Bildung von Verben (Formation of Verbs) **170**

1. to like – to dislike; to obey – to disobey to approve – to disapprove to lead – to mislead; to lay – to mislay to appear – to reappear; to do – to redo to dress – to undress; to do – to undo	1. durch Vorsilben: dis- mis- re- un-
2. wide – to widen; short – to shorten bright – to brighten; straight – to straighten modern – to modernize; real – to realize	2. durch Nachsilben: -en -ize

Die Satzzeichen (The Punctuation Marks)

.	full stop	–	dash
,	comma	-	hyphen [ˈhaifən]
:	colon [ˈkoulən]	’	apostrophe [əˈpɔstrəfi]
;	semicolon [ˈsemiˈkoulən]	“ ”	quotation marks (or: inverted commas)
?	question mark	( )	(round) brackets
!	exclamation mark	[ ]	(square) brackets

Im allgemeinen stimmt die Anwendung der Satzzeichen im Englischen mit dem Deutschen überein. Lediglich für die Anwendung des Kommas und des Ausrufezeichens gibt es vom Deutschen abweichende Regeln.

Gebrauch des Kommas (Use of the Comma) **171**

Im Deutschen wird das Komma hauptsächlich als grammatisches Zeichen benutzt, um Haupt- und Nebensätze voneinander zu trennen. Im Englischen steht es meist dort, wo eine Sprechpause gemacht wird.

Das Komma steht

1. Dear Mother, ... Dear Mr Brown, ... Yours ever, ... Yours sincerely, ...	1. nach der Anrede und der Schlußformel in Briefen
2. More than 5,000 people came to the football match. Mount Everest is 29,141 feet high.	2. in vier- und mehrstelligen Zahlen, um je drei Stellen abzutrennen
3. February 12th, 1969 (or: February 12, 1969)	3. vor der Jahreszahl beim Datum (vgl. § 98)
4. Mr Brown asked, "What about a cup of tea?" Mrs Brown said, "That's a good idea."	4. häufiger als der Doppelpunkt vor der direkten Rede
5. Peter, of course, was late again. This, however, did not worry him. His teacher, on the other hand, was very angry.	5. vor und nach adverbialen Bestimmungen wie *however, therefore, of course, too, on the contrary, on the other hand, for example*
6. In a small village in Kentucky, Abraham Lincoln was born. After five years in America, I longed to go back to Europe.	6. oft nach adverbialen Bestimmungen des Ortes und der Zeit, die am Satzanfang stehen
7. My uncle, who lives in London, has invited me to stay with him. John F. Kennedy, who was killed in 1963, was America's 35th president.	7. vor und nach ausmalenden Relativsätzen (vgl. § 114)

Das Komma steht nicht

1. It is possible that it is going to rain soon. I think (that) I can get the extra holiday.	1. vor Nebensätzen, die mit *that* anfangen oder anfangen könnten
2. People who live in glass houses shouldn't throw stones. The lady whose passport John found gave him a reward.	2. vor und nach notwendigen Relativsätzen (vgl. § 114)

3. She asked whether I wanted tea or coffee. I said I would prefer tea.	3. vor der indirekten Rede (vgl. § 36)
4. Nice to see you again. I tried to phone you last night.	4. vor Infinitivkonstruktionen

Gebrauch des Ausrufezeichens (Use of the Exclamation Mark) **172**

Shut the window. Schließe das Fenster! Let's go now. Gehen wir jetzt! Look out! Vorsicht! Good gracious! Du lieber Himmel!	Nach Imperativsätzen steht im Englischen gewöhnlich ein Punkt. Ein Ausrufezeichen steht nur nach stark betonten Aufforderungen und Ausrufen.

Große Anfangsbuchstaben (Capital Letters) 173

Im Englischen werden alle Wortarten, auch die Substantive, klein geschrieben. Groß geschrieben werden nur

1. a) Peter Miller; Mary Barton Will you call Father, please? Where is Grandmother? Has Uncle Robert been here? b) Europe; the Atlantic Ocean Fleet Street; the Tower c) Do Brazilians speak Spanish or Portuguese? d) Saturday; January Easter; Christmas e) Parliament; the Government God; the Lord; the Bible the National Health Service	1. a) Eigennamen von Personen und Verwandtschaftsbezeichnungen, wenn sie wie Eigennamen gebraucht werden b) geographische Namen und Namen von Straßen, Gebäuden, Brücken etc. c) Namen von Nationalitäten und Sprachen d) Namen von Wochentagen, Monaten und Festtagen e) Namen aus dem politischen, religiösen und sozialen Bereich
2. the European countries the American way of life the Christian faith	2. Adjektive, die von Namen abgeleitet sind
3. the President; Sir Winston Churchill Professor Einstein; Captain Jones	3. Titel
4. As you Like it A Race against the Tide All's Well that Ends Well	4. die wichtigsten Wörter in Buchtiteln und Überschriften

Schreibregeln bei grammatischen Endungen 174

(Grammatical Endings: Spelling)

1. Die Regel vom stummen End-e

Vor Endungen, die mit einem Vokal beginnen, fällt das stumme *e* am Ende eines Wortes weg:

a) to arrive – arrived to live – lived	a) vor *ed* beim Präteritum und Partizip Perfekt der regelmäßigen Verben
b) to arrive – arriving to live – living	b) vor *ing* beim Partizip Präsens und Gerundium
c) late – later – latest large – larger – largest	c) vor *er* und *est* bei der Steigerung der Adjektive

2. Die Verdoppelungsregel

Der Endkonsonant eines Wortes wird verdoppelt, wenn ein kurzer, betonter Vokal vorausgeht:

a) to wrap – wrapped to rub – rubbed	a) vor *ed* beim Präteritum und Partizip Perfekt der regelmäßigen Verben
b) to wrap – wrapping to rub – rubbing	b) vor *ing* beim Partizip Präsens und Gerundium
c) thin – thinner – thinnest hot – hotter – hottest	c) vor *er* und *est* bei der Steigerung der Adjektive

3. Die y-Regel

y wird zu *i* (bzw. *ie*), wenn ein Konsonant vorausgeht:

a) fly – flies difficulty – difficulties	a) vor *s* beim Plural der Substantive
b) to hurry – he hurries to cry – she cries	b) vor *s* bei der 3. Person Singular Präsens der Verben
c) to hurry – hurried to cry – cried	c) vor *ed* beim Präteritum und Partizip Perfekt der regelmäßigen Verben
d) funny – funnier – funniest easy – easier – easiest	d) vor *er* und *est* bei der Steigerung der Adjektive
e) lazy – lazily; busy – busily	e) vor *ly* bei der Bildung der Adverbien

4. Die Regel vom silbischen Auslaut

Nach den Zischlauten [s, z, ʃ, tʃ] wird die Endung *es* [iz] angehängt:

a) glass – glasses; box – boxes	a) beim Plural der Substantive
b) to wash – she washes to dress – he dresses	b) bei der 3. Person Singular Präsens der Verben

Ausspracheregeln bei grammatischen Endungen 175

(Grammatical Endings: Pronunciation)

1. Die Angleichungsregel

In der Aussprache gleichen sich die grammatischen Endungen *s* und *ed* dem vorhergehenden Laut an:
stimmlos [s] und [t] nach stimmlosen Konsonanten
stimmhaft [z] und [d] nach stimmhaften Konsonanten und nach Vokalen

a) roof – roofs [fs] dog – dogs [gz] shoe – shoes [u:z]	a) Plural der Substantive
b) Jack's [ks] brother Bob's [bz] sister Barbara's [əz] parents	b) s-Genitiv
c) to jump – he jumps [ps] to seem – it seems [mz] to try – she tries [aiz]	c) 3. Person Singular Präsens der Verben
d) to jump – he jumped [pt] to seem – it seemed [md] to try – she tried [aid]	d) Präteritum und Partizip Perfekt der regelmäßigen Verben

2. Die Regel vom silbischen Auslaut

Silbisch gesprochen werden
nach den Zischlauten [s, z, ʃ, tʃ, dʒ] die Endung *(e)s:* [iz]
nach den Lauten [t] und [d] die Endung *ed:* [id]

a) rose – roses [ziz] sentence – sentences [siz] match – matches [tʃiz] wish – wishes [ʃiz]	a) Plural der Substantive
b) George's [dʒiz] friends Charles's [ziz] coat Mr Wills's [ziz] son	b) s-Genitiv
c) to watch – he watches [tʃiz] to wash – she washes [ʃiz] to rise – it rises [ziz]	c) 3. Person Singular Präsens der Verben
d) to want – wanted [tid] to lift – lifted [tid] to expect – expected [tid] to intend – intended [did] to mend – mended [did] to hand – handed [did]	d) Präteritum und Partizip Perfekt der regelmäßigen Verben

Wort- und Sachregister

Bedeutung der Verweise: 75–77 = §§75–77; S. 95 = Seite 95

Die wichtigsten unregelmäßigen Verben

* auch die regelmäßige Form auf *-ed* kommt vor

to arise [aiz]	arose [ou]	arisen [i]	sich erheben
to awake [ei]	awoke [ou]	awoke*	erwachen
to be	was	been	sein
to bear [ɛə]	bore [ɔ:]	borne [ɔ:]	(er)tragen
to bear	bore	born	gebären
to beat [i:]	beat [i:]	beaten [i:]	schlagen
to become [ʌ]	became [ei]	become [ʌ]	werden
to begin [i]	began [æ]	begun [ʌ]	beginnen, anfangen
to bend [e]	bent [e]	bent	beugen, biegen
to bet [e]	bet*	bet*	wetten
to bind [ai]	bound [au]	bound	binden
to bite [ai]	bit [i]	bit(ten) [i]	beißen
to bleed [i:]	bled [e]	bled	bluten
to blow [ou]	blew [u:]	blown [ou]	blasen
to break [ei]	broke [ou]	broken [ou]	(zer)brechen
to bring [i]	brought [ɔ:]	brought	bringen
to build [i]	built [i]	built	bauen
to burn [ə:]	burnt* [ə:]	burnt*	(ver)brennen
to burst [ə:]	burst	burst	platzen
to buy [ai]	bought [ɔ:]	bought	kaufen
to cast [ɑ:]	cast	cast	werfen
to catch [æ]	caught [ɔ:]	caught	fangen
to choose [u:z]	chose [ouz]	chosen [ou]	wählen, (sich) aussuchen
to cling [i]	clung [ʌ]	clung	sich (an)klammern
to come [ʌ]	came [ei]	come [ʌ]	kommen
to cost [ɔ]	cost	cost	kosten
to creep [i:]	crept [e]	crept	kriechen
to cut [ʌ]	cut	cut	schneiden
to deal [i:]	dealt [e]	dealt	handeln; sich befassen (mit)
to dig [i]	dug [ʌ]	dug	graben
to do [u:]	did [i]	done [ʌ]	tun
to draw [ɔ:]	drew [u:]	drawn [ɔ:]	ziehen; zeichnen
to dream [i:]	dreamt* [e]	dreamt*	träumen
to drink [i]	drank [æ]	drunk [ʌ]	trinken
to drive [ai]	drove [ou]	driven [i]	treiben; fahren
to dwell [e]	dwelt [e]	dwelt	(ver)weilen; wohnen
to eat [i:]	ate [et]	eaten [i:]	essen
to fall [ɔ:]	fell [e]	fallen [ɔ:]	fallen
to feed [i:]	fed [e]	fed	füttern
to feel [i:]	felt [e]	felt	(sich) fühlen
to fight [ai]	fought [ɔ:]	fought	kämpfen
to find [ai]	found [au]	found	finden
to flee [i:]	fled [e]	fled	fliehen

to fling [i]	flung [ʌ]	flung	schleudern, werfen
to fly [ai]	flew [u:]	flown [ou]	fliegen
to forbid [i]	forbade [ei]	forbidden [i]	verbieten
to forget [fəˈget]	forgot [ɔ]	forgotten [ɔ]	vergessen
to forgive [i]	forgave [ei]	forgiven [i]	vergeben
to freeze [i:]	froze [ou]	frozen [ou]	(ge)frieren
to get [e]	got [ɔ]	got	bekommen; werden
to give [i]	gave [ei]	given [i]	geben
to go [ou]	went [e]	gone [ɔ]	gehen
to grow [ou]	grew [u:]	grown [ou]	wachsen; anbauen
to hang [æ]	hung [ʌ]	hung	(auf)hängen
to have	had	had	haben
to hear [iə]	heard [ə:]	heard	hören
to hide [ai]	hid [i]	hidden	(sich) verstecken
to hit [i]	hit	hit	schlagen; treffen
to hold [ou]	held [e]	held	halten
to hurt [ə:]	hurt	hurt	verletzen; weh tun
to keep [i:]	kept [e]	kept	(be)halten; aufbewahren
to kneel [ni:l]	knelt [e]	knelt	knien
to know [nou]	knew [nju:]	known [noun]	kennen; wissen
to lay [ei]	laid [ei]	laid	legen
to lead [i:]	led [e]	led	leiten, führen
to lean [i:]	leant* [e]	leant*	lehnen
to leap [i:]	leapt* [e]	leapt*	springen
to learn [ə:]	learnt* [ə:]	learnt*	lernen; erfahren
to leave [i:]	left [e]	left	(ver)lassen
to lend [e]	lent	lent	leihen
to let [e]	let	let	lassen
to lie [ai]	lay [ei]	lain [ei]	liegen
to light [ai]	lit* [i]	lit*	anzünden; erleuchten
to lose [lu:z]	lost [ɔ]	lost	verlieren
to make [ei]	made [ei]	made	machen
to mean [i:]	meant [e]	meant	meinen; bedeuten
to meet [i:]	met [e]	met	begegnen, treffen
to pay [ei]	paid [ei]	paid	(be)zahlen
to put [u]	put	put	legen, setzen, stellen
to read [i:]	read [e]	read [e]	lesen
to ride [ai]	rode [ou]	ridden [i]	reiten; fahren
to ring [i]	rang [æ]	rung [ʌ]	läuten; anrufen (Telefon)
to rise [aiz]	rose [ou]	risen [i]	aufstehen; aufgehen (Sonne)
to run [ʌ]	ran [æ]	run [ʌ]	rennen, laufen
to saw [ɔ:]	sawed [ɔ:]	sawn [ɔ:]	sägen
to say [ei]	said [e]	said	sagen
to see [i:]	saw [ɔ:]	seen [i:]	sehen
to seek [i:]	sought [ɔ:]	sought	suchen
to sell [e]	sold [ou]	sold	verkaufen
to send [e]	sent	sent	senden, schicken
to set [e]	set	set	setzen, stellen
to sew [ou]	sewed [ou]	sewn* [ou]	nähen

to shake [ei]	shook [u]	shaken [ei]	schütteln
to shine [ai]	shone [ɔ]	shone	scheinen; glänzen
to shoot [u:]	shot [ɔ]	shot	schießen
to show [ou]	showed [ou]	shown [ou]	zeigen
to shrink [i]	shrank [æ]	shrunk [ʌ]	schrumpfen; zurückschrecken
to shut [ʌ]	shut	shut	zumachen
to sing [i]	sang [æ]	sung [ʌ]	singen
to sink [i]	sank [æ]	sunk [ʌ]	sinken; versenken
to sit [i]	sat [æ]	sat	sitzen
to sleep [i:]	slept [e]	slept	schlafen
to slide [ai]	slid [i]	slid	gleiten
to smell [e]	smelt [e]	smelt	riechen
to speak [i:]	spoke [ou]	spoken [ou]	sprechen
to speed [i:]	sped [e]	sped	eilen
to spell [e]	spelt* [e]	spelt*	buchstabieren
to spend [e]	spent	spent	ausgeben; verbringen
to spill [i]	spilt*	spilt*	verschütten
to spit [i]	spat [æ]	spat	spucken
to split [i]	split	split	spalten; platzen
to spoil [ɔi]	spoilt* [ɔi]	spoilt*	verderben
to spread [e]	spread [e]	spread	(sich) ausbreiten, verbreiten
to spring [i]	sprang [æ]	sprung [ʌ]	springen
to stand [æ]	stood [u]	stood	stehen
to steal [i:]	stole [ou]	stolen [ou]	stehlen
to stick [i]	stuck [ʌ]	stuck	(an)stecken; (an)kleben
to sting [i]	stung [ʌ]	stung	stechen
to stink [i]	stank [æ]	stunk [ʌ]	stinken
to stride [ai]	strode [ou]	stridden [i]	schreiten
to strike [ai]	struck [ʌ]	struck	stoßen, schlagen
to swear [ɛə]	swore [ɔ:]	sworn	schwören; fluchen
to sweat [e]	sweat* [e]	sweat*	schwitzen
to sweep [i:]	swept [e]	swept	fegen, kehren
to swim [i]	swam [æ]	swum [ʌ]	schwimmen
to swing [i]	swung [ʌ]	swung	schwingen; schwenken
to take [ei]	took [u]	taken [ei]	nehmen; bringen
to teach [i:]	taught [ɔ:]	taught	lehren
to tear [ɛə]	tore [ɔ:]	torn [ɔ:]	zerreißen
to tell [e]	told [ou]	told	erzählen; (es) sagen
to think [i]	thought [ɔ:]	thought	denken; glauben
to throw [ou]	threw [u:]	thrown [ou]	werfen
to thrust [ʌ]	thrust	thrust	stoßen
to understand	understood	understood	verstehen
to wake [ei]	woke* [ou]	woke(n)* [ou]	(auf)wecken; aufwachen
to wear [ɛə]	wore [ɔ:]	worn [ɔ:]	tragen (Kleider)
to weep [i:]	wept [e]	wept	weinen
to win [i]	won [ʌ]	won	gewinnen
to wind [ai]	wound [au]	wound	winden
to wring [riŋ]	wrung [ʌ]	wrung	auswringen
to write [rait]	wrote [ou]	written [i]	schreiben

Grammatische Ausdrücke

Adjektiv (Eigenschaftswort)	adjective ['ædʒiktiv]
adjektivisches Possessivpronomen (besitzanzeigendes Fürwort)	possessive adjective [pə'zesiv 'ædʒiktiv]
Adverb (Umstandswort)	adverb ['ædvə:b]
adverbiale Bestimmung (Umstandsbestimmung)	adverbial phrase [əd'və:biəl 'freiz]
Akkusativ (Wenfall)	accusative [ə'kju:zətiv]
Aktiv (Tatform)	active voice ['æktiv 'vɔis]
Artikel (Geschlechtswort)	article ['ɑ:tikl]
ausmalender Relativsatz (Bezugswortsatz)	non-defining relative clause ['nɔndi'fainiŋ 'relətiv 'klɔ:z]
Aussagesatz	statement ['steitmənt]
Bedingungssatz	conditional clause [kən'diʃnl 'klɔ:z]
bejahend	affirmative [ə'fə:mətiv]
bestimmter Artikel (Geschlechtswort)	definite article ['definit 'ɑ:tikl]
Demonstrativpronomen (hinweisendes Fürwort)	demonstrative pronoun [di'mɔnstrətiv 'prounaun]
direkte Rede (wörtliche Rede)	direct speech ['dairekt 'spi:tʃ]
direktes Objekt (Ergänzung)	direct object ['dairekt 'ɔbdʒikt]
einfache Form	ordinary form ['ɔ:dnri 'fɔ:m]
Ersatzverb	substitute verb ['sʌbstitju:t 'və:b]
Frage	question
Fragewort	interrogative [intə'rɔgətiv]
Futur I (Zukunft)	future tense ['fju:tʃə 'tens]
Futur II (zweite Zukunft)	future perfect ['fju:tʃə 'pə:fikt]
Genitiv (Wesfall)	genitive ['dʒenitiv]
Gerundium	gerund ['dʒerənd]
Geschlecht	gender ['dʒendə]
Hauptsatz	main clause ['mein 'klɔ:z]
Hilfsverb (Hilfszeitwort)	auxiliary verb [ɔ:g'ziljəri 'və:b]
Imperativ (Befehlsform)	imperative [im'perətiv]
Imperfekt (Vergangenheit)	past tense ['pɑ:st 'tens]
indefinites Pronomen (unbestimmtes Fürwort)	indefinite pronoun [in'definit 'prounaun]
indirekte Rede (abhängige Rede)	reported speech [ri'pɔ:tid 'spi:tʃ]
indirektes Objekt (Ergänzung)	indirect object ['indi,rekt 'ɔbdʒikt]
Infinitiv (Grundform)	infinitive [in'finitiv]
Interrogativpronomen (Fragefürwort)	interrogative pronoun [intə'rɔgətiv 'prounaun]
Komparativ (erste Steigerungsstufe)	comparative [kəm'pærətiv]
Konditional I (Bedingungsform)	conditional [kən'diʃnl]
Konditional II (zweite Bedingungsform)	conditional perfect [kən'diʃnl 'pə:fikt]
Konjugation (Beugung)	conjugation [kɔndʒu'geiʃən]
Konjunktion (Bindewort)	conjunction [kən'dʒʌŋkʃən]
Konsonant (Mitlaut)	consonant ['kɔnsənənt]
Kurzform	short form
Kurzfrage	question tag ['kwestʃən,tæg]
Nebensatz	subordinate clause [sə'bɔ:dnit 'klɔ:z]
Nominativ (Werfall)	nominative ['nɔminətiv]
notwendiger Relativsatz (Bezugswortsatz)	defining relative clause [di'fainiŋ 'relətiv 'klɔ:z]